英語は
リーディングだ！

英語の総合力を伸ばす読み方

門田修平　長谷尚弥　氏木道人　Sean A. White

南雲堂

音声ファイル
無料 DL
のご案内

下記のサイトから附属音声を無料ダウンロードできます。

Nan' Un-Do's STORE

https://nanundo.stores.jp/

※ 無線 LAN（WiFi）に接続してのご利用を推奨いたします。

※ 音声ダウンロードは Zip ファイルでの提供になります。
お使いの機器によっては別途ソフトウェア（アプリケーション）
の導入が必要となります。

【ダウンロード方法】

① Nan'Un-Do's STORE のトップページから書影をクリック。

②「カートに入れる」ボタンをクリック。

③「ログインして購入する」「ゲスト購入する」のいずれかをクリック。
本サイトに登録をご希望の方は「ログインして購入する」から「新規登録は
こちら」へ。「新規会員登録」より手順の通り、ご登録ください。
（ご登録いただくと、購入履歴の確認、次回からご住所などの情報の入力を
省略することができます）
登録不要の方は「ゲスト購入する」から必要事項をご入力ください。

④ アイテム、お客様情報、利用規約などをご確認のうえ「注文する」をクリック。
（無料ダウンロードの場合は料金は発生いたしません）

⑤「ダウンロード」をクリック。
お使いのパソコン、スマートフォンの所定の場所に保存されます。

はしがき

　『英語はリーディングだ！』は、学校で勉強した英語では思ったように力がつかなかった、ちょっと違う視点から英語の学習を見直してみたい……。そんな皆さんにピッタリの英語の学習書です。社会人でも、大学生でも、また高校生でも、これまでの英語学習とは異なる新たな方法を模索している読者の皆さんが対象です。

　英文リーディング、すなわち英語を読んで理解することは、英語習得の基礎基本です。リーディングは、速いスピードで流れる英語についていかなければならないリスニングとは違い、じっくり皆さん自身のペースで取り組んでいける、そんな英語学習方法です。

　でも、たかがリーディングと侮るなかれ。皆さんに馴染みのあるリーディングですが、それをもとに、読解力だけでなく、語彙力、文法力はもちろん、リスニング力、スピーキング力など英語の様々な能力を磨く、そんなコンセプトをもって本書は執筆されました。そうです、リーディングという入り口から入って、英語の総合的な能力の育成をいかに達成するか、本書にはそのためのノウハウが満載されています。本書では、読者の皆さんに次の合計10のアプローチを提案します。

1) 単語力をさらに磨くためのリーディング：単語の多義性、コロケーション（共起語）、語法などを知るためのリーディングです。
2) テキスト全体の概要把握のためのリーディング：キーワードの拾い出し、論理展開の推測、サマリー作成など、概要把握のためのリーディングです。
3) 文法力アップにつなげるリーディング：正確な文法知識をつけ、それを無意識のうちに使えるようにするためのリーディングです。
4) リスニング力アップのためのリーディング：文字と音声を結びつけ、さらにパラレル・リーディングやシャドーイングによりリスニング力アップにつなげるリーディングです。
5) 内容を推論する力を高めるためのリーディング：読みながら、橋渡し、精緻化など、様々な推論能力を養うためのリーディングです。
6) パラグラフ構造への理解を高めるリーディング：パラグラフをながめ、そこからトピックセンテンスを見つけるなど、パラグラフの全体構造を把握するためのリーディングです。
7) 批判的思考力を高めるリーディング：英文をクリティカルに読むことを通じて、その内容や筆者の意図を推論し、そこから自身の意見を作っていくためのリーディングです。
8) 情報検索力・分析力を高める方略的リーディング：スキャニング、スキミングなどの読解方略を使って、グローバルな理解力、ローカルな理解力をつけるリーディングです。

9) スピーキング能力アップのためのリーディング：ネイティブがスピーキングの際に利用するフォーミュラを活用して発表能力を高めるためのリーディングです。
10) 流暢な英語力を身につけるためのリーディング：時間を計りながら繰り返し読むことで読みの自動性を高め、流暢な英語力を身につけるためのリーディングです。

　本書の各ステップでは、まずリーディングを通じて英語を習得するための10のアプローチをフローチャートに示し、その学習アプローチのポイントをフォーカスした解説をします。これにより、読者の皆さんはどのような学習方法をとると効果的なのか、明確なイメージを持つことができます。そのイメージに基づいて学習を続けることで、皆さん自身の学習方法を確立し学習状況を自身でモニターして評価するための「メタ認知」能力を身につけることができます。

　後半では、2つの英文を素材に、左ページの英文を読みながら、右ページのタスク（学習のポイント：ツボを押さえよう）をこなすことで、リーディングを通じて、英語コミュニケーションに役立つ総合的な英語力を身につけることができます。

　なお、本書全体を通じて、アドバイザーのキャラクターである「うつぼ」が、皆さんの学習状況についてコーチングします。このアドバイスも大いに参考にしながら、学習タスクをこなしていってください。

　読者の皆さんが、本書を通じて、これまでの学校英語とはひと味異なるアプローチを体得し、英語への関心を高め、ひいては英語を生涯の伴侶とされることを願ってやみません。

　最後に、2013年夏に本書の最初の企画案が生まれてからも、実はかなり長い年月が経過しています。その間、非常に辛抱強く、遅筆の私たち著者を激励し、導いていただいたのが、編集部の丸小雅臣さん（現・開文社社長）です。丸小さんの忍耐強い愛情に満ちたサポートがなければ、本書は決して日の目をみることはありませんでした。そして、2019年夏以降、丸小さんの後を受けて、着実に刊行までのプロセスを進めていただいたのが、編集部の伊藤宏実さんです。ここに記して改めてお二人には厚くお礼申し上げる次第です。

2020年2月

門田修平
長谷尚弥
氏木道人
ホワイト・ショーン・A.

目次

別冊・解答（例），解説集

STEP 1

語彙力アップのためのリーディング

学習のフローチャート

英文の内容のあらましを理解する
（日本語の質問に答える）

単語に注目する①
（類義語・反意語・関連語などを選択する）

単語に注目する②
（類義表現を選択する）

単語に注目する③
（類義語を文の中で選択する）

単語に注目する④
（未知語の意味や使い方を英文から推測する）

英語が読める＝辞書を使わずに読める

単語力（語彙力）が必要

《単語力とは何？》

① 語彙サイズ
「どれだけたくさん知っている」

② 語彙の深さ
「どれだけよく知っている」

①どれくらいの単語を知っているべき？
「あるパラグラフを読んでいるとしたら，そのうちの 95 〜 98％以上の単語を知っていないと理解は無理」と言われています。
とにかく単語帳でひたすら覚えるとよいでしょう。
でも単語数を増やせばスラスラ読めるようになるのでしょうか？
それだけではなりません。

なぜか？
↓
文脈に則して単語の意味を正確に引き出せないと読めない
↓
文脈に則した単語の意味を正しく引き出すには
②「深さ」が必要
たとえば，critical period で critical の意味は，period との関係をもとに，

「critical period ＝重大な時期つまり臨界期」に到達。

さらに「重大な，臨界の」に特定して，

「危機的な，重大な，臨界の」に絞り，

「批評的な，危機的な，重大な，臨界の」から

深さ

「深さ」とは？

↓

語法（単語がある状況下でどのような意味を持つのか）を知ること

文法的側面（syntagmatic）／意味的側面（paradigmatic）を知ること
【文法的側面の間違い】
The accident was happened last night. / Tom was said to clean the room.
＊これらは受動態を取りません。
【意味的側面の間違い】
Tom borrowed the nice convertible car at the car rental agency.
*borrow は金銭が関わる貸し借りには使えない単語です。

どういう場面で使うことが適当なのかを知ること
... and so on はインフォーマル,
文語体は ... and so forth です。
I am into（没頭している）this book. は口語体。
I am fascinated with this book. や
I am keenly interested in this book. などが文語体です。

さらにどのような単語と共起するのか（隣り合わせで使えるのか）
といったコロケーションの知識を得ること
強い雨：strong rain ではなく heavy rain
深い霧：deep fog ではなく dense fog
広い見解：wide perspective ではなく broad perspective

これらの「深い語彙知識」はどのように学習すればよいのでしょうか？

> まず 1 つの単語に何度も異なる文脈で遭遇すること
> そして，その単語の多義性を養う
> つまり「たくさん読む」（多読をする）ことにより
> 「単語の多義性（**語彙ネットワーク**）」が構築される

たとえば，以下の下線の単語を知らない場合，推論すると……
This new and improved system was <u>sophisticatedly</u> created in just a few years.
（new，improved なので good の意味合いで，
素晴らしく／高性能に…といった意味？）

「このように読みながら，異なる角度より語彙の意味を推論することで，
1 つの単語を多方面から分析することになり，
検索する際のリンク（意味を導くヒント）も増えて，
深さ（ネットワーク）の伴う単語知識となっていく」

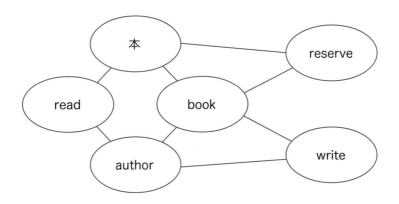

大量に読み，このような語彙推論の機会を増やし，多義性を養うことが
使える単語知識を習得するカギとなります！

Is Mental Skill Training Effective?

まず，以下の英文にざっと目を通し，だいたいの内容をつかんでみましょう。 🔊2

Although some kinds of ① mental skills naturally decrease as people get older, research has shown that some training can ② improve these kinds of skills.

A recent study also appears to ③ demonstrate that the effects of training can ④ last for many years after it ends. In this study, older people   5
were taught ⑤ methods meant to improve their memory, thinking and ability to perform everyday tasks.

More than 2,800 volunteered for the study called ⑥ (   ), short for Advanced Training for Independent and Vital Elderly. The participants were trained in skills for remembering word lists, ⑦ reasoning and speed   10
in receiving and understanding information.

The ⑧ lead study writer George Rebok says the research showed ⑨ most of the training remained effective a full 10 years later. "We were wondering whether those effects would ⑩ endure over time and would still be there 10 years following the training, and ⑪ in fact that's exactly what   15
we found."

⑫ The effect on memory, however, seemed not to last as long. Still, the older people generally reported less difficulty in performing daily activities.

Professor Rebok and his team are now considering ways to provide   20
such training for lower cost. "We are trying to make the training ⑬ more broadly available. For example, we have a ⑭ grant right now to try to make a Web-based version of the active memory training and then put the training online."

The study appears in the *Journal of the American* ⑮ Geriatrics *Society*.   25
(235 words)

出典：VOA Learning English, "Caffeine and Mental Exercises Improve Memory", April 12, 2014
https://learningenglish.voanews.com/a/caffeine-and-mental-exercises-improves-memory/1890440.html

学習のポイント（ツボを押さえよう）

ツボその1

本文を読んで次の問題に日本語で答え，概要をつかみましょう。

① 一般に年をとるとどのような変化が出てきますか。

_____

② 研究に参加した 2,800 人の高齢者のボランティアは，どんな訓練を受けましたか。

_____

③ 訓練の成果はどのようなものでしたか。

_____

④ Rebok 教授が次にインターネットを使ってしようとしていることは何ですか。

_____

> 本文の概要がわかったところで，今度は語彙に注目してみましょう。

ツボその2

次の英単語について，与えられた問いに答えましょう。

① mental skills（これに含まれないものはどれでしょうか。複数選びましょう。）
　　a. walking　　　b. memorizing　　c. thinking　　　　d. eating

② improve（同義語はどれでしょうか。複数の可能性があります。）
　　a. amend　　　　b. contribute　　c. adopt　　　　　d. develop

⑥（　　　　　）（短縮して頭字語にするとどれがよいでしょうか。1つ選びましょう。）
　　a. TRAIN　　　　b. ATIVE　　　　c. ATOM　　　　　d. ELTR

⑦ reasoning（同義語はどれでしょうか。1つ選びましょう。）
　　a. jogging　　　　b. thinking　　　c. cooking　　　　d. performing

⑩ endure（同義語はどれでしょうか。複数の可能性があります。）
　　a. continue　　　b. persist　　　　c. catch up with　　d. do away with

ツボその3

次の英語表現について，与えられた問いに答えましょう。

⑤ methods（同義表現はどれでしょうか。1つ選びましょう。）

    a. when to   b. what to   c. how to   d. where to

⑪ in fact（同義表現はどれでしょうか。1つ選びましょう。）

    a. for instance   b. indeed   c. likewise   d. surprisingly

⑬ more broadly available（同義表現はどれでしょうか。複数の可能性があります。）

    a. more highly restricted   b. more difficult and specialized
    c. more people can access   d. more people can obtain and use

 ツボその4

次の英単語について，与えられた問いに答えましょう。

③ demonstrate（選択肢の文の内容も考えて同義語を1つ選びましょう。）

    a. Please <u>describe</u> the source from which she got that information.
    b. He <u>gave</u> me some demo tapes.
    c. The Irish people were <u>marching</u> down the street.
    d. I <u>suggest</u> you ask him some specific questions about his home.

④ last（選択肢の文の内容も考えて同じ意味の last を選びましょう。複数の可能性があります。）

    a. She got married to Taro <u>last</u> March.
    b. Enjoy it because it won't <u>last</u>.
    c. She left a <u>last</u>ing impression on him.
    d. He would be the <u>last</u> to say that science has explained everything.

⑧ lead（選択肢の文の内容も考えて同じ意味・用法の lead を1つ選びましょう。）

    a. If you <u>lead</u> a group of people somewhere, you walk or ride in front of them.
    b. His goal gave Japan a two-goal <u>lead</u> against England.
    c. An older man came out with a little dog on a <u>lead</u>.
    d. The President's reaction is the <u>lead</u> story in the Japanese press.

⑭ grant（選択肢の文の内容も考えて同じ意味の grant を1つ選びましょう。）

    a. Unfortunately, her application for a <u>grant</u> was rejected.
    b. He seemed to take it for <u>grant</u>ed that he should speak as a representative for the group.
    c. France has agreed to <u>grant</u> him political asylum.

英語はリーディングだ！

ツボその 5

本文の内容から考えて，次の単語の意味として最もよいものを 1 つ選びましょう。

⑮ Geriatrics

    a. The branch of medicine that deals with the care of infants and children
    b. The branch of medicine that deals with diseases and problems specific to old people
    c. The branch of psychology that deals with people in their 20's and 30's
    d. The branch of psychology that deals with human cognitive processes

ツボその 6

文の意味内容に注目して，言い換えとして適当でないものを選びましょう。

⑨ most of the training remained effective a full 10 years later （適当でないもの 1 つ）

    a. we found most of the training still effective even after 10 years
    b. the training has mostly been effective for 10 years
    c. none of the training has been effective for 10 years

⑫ The effect on memory ... seemed not to last as long. （適当でないもの 2 つ）

    a. It seemed that the effect on performing daily activities was less strong than that on memorizing.
    b. It seemed that the effect on performing daily activities was stronger than that on memorizing.
    c. Memorizing, it seemed, was much more influenced than the performance of daily activities.

Healthy Eating

まず，以下の英文にざっと目を通し，だいたいの内容をつかんでみましょう。 ⌒(3)

For healthy eating, we need ① <u>quality</u> proteins, carbohydrates[*],
good fats, vitamins, minerals, and water in our food. ② <u>Processed food</u>,
unhealthy saturated fats[*], and alcohol should be reduced. This will help
you ③ <u>maintain</u> your body's ④ <u>functions</u>, keep a good body weight, and
prevent disease.   5

Food supports our daily activities. It protects our ⑤ <u>cells</u> from damage.
It also helps to repair damage. Protein rebuilds injured cells in our bodies
and promotes a strong ⑥ <u>immune</u> system to fight disease. Carbohydrates
and fats become the energy our bodies need. Vitamins and minerals help
to support processes of the body. Some vitamins, for example, are   10
⑦ <u>antioxidants</u> that protect your cells. Important minerals, for example,
keep your bones strong and help with ⑧ <u>transmitting</u> nerve signals.

Healthy eating means not only choosing what is good for you, but also
eating the ⑨ <u>right amount</u>. If you take in more calories than your body's
energy needs, the unneeded amount ⑩ <u>is converted into</u> fat tissue.   15
⑪ <u>This can lead to health problems</u> like heart disease, breathing problems,
cancer and other diseases.

Too much or too little of some nutrients in food can also cause
health problems. For example, ⑫ <u>too little calcium can contribute to the
weakening of your bones</u>; too few fruits and vegetables ⑬ <u>is associated</u>   20
<u>with</u> higher risk of cancer.

To avoid these problems, eat food from a wide variety of healthy
⑭ <u>sources</u> so that your body gets what it needs most and eat the right
amount.

(237 words)

注：carbohydrates: 炭水化物　　saturated fats: 飽和脂肪（コレステロールを高める作用がある）

学習のポイント（ツボを押さえよう）

ツボその 1

本文を読んで次の問題に日本語で答え，概要をつかみましょう。

① 様々な栄養価のある食べ物をとることでどういった利点があると言っていますか。3 つ挙げてください。

_____

② たとえば，タンパク質（protein）の役割は何だと言っていますか。

_____

③ 健康な食事というのは，体にとってよいものを食べる以外にどうすることだと言っていますか。

_____

④ 適正量に関して，たとえば果物や野菜が不足したらどうなると言っていますか。

_____

> 本文の概要がわかったところで，今度は語彙に注目してみましょう。

ツボその 2

次の英単語について，関連語を答えてください。語彙力が増えます。

① quality（反意語・対立語はどれでしょうか。）
   a. quietness　　　　b. quantity　　　　c. quota

③ maintain（同義語はどれでしょうか。）
   a. keep　　　　b. promote　　　　c. repair

④ functions（同義語はどれでしょうか。）
   a. conditions　　　　b. purposes　　　　c. workings

⑨ right amount（反意語・対立語はどれでしょうか。）
   a. enough amount　　b. left amount　　　c. wrong amount

ツボその3

単語を見たとき，具体例を思い浮かべるようにしましょう。記憶に定着しやすくなります。

② Processed food（具体例はどれでしょうか。）

    a. cheese   b. rice   c. tomatoes

ツボその4

単語の定義などを英語で考えてみましょう。英語の表現力が伸びます。

⑤ cells（本文から考えて，定義としてどれが正しいでしょうか。）

    a. A small room without furniture
    b. The smallest unit of living matter
    c. A device for producing an electric current

⑥ immune（本文から考えて，以下のどれに関連しているでしょうか。）

    a. medical advancement
    b. protective functions of the body
    c. quality of life of patients

ツボその5

難しそうな単語は分解してみましょう。

⑦ antioxidants という語は以下のように分けられます。

    anti-oxidants：anti は「反，アンチ」，oxidants ＜ oxygen（酸素）
以上から，antioxidants はどのような意味でしょうか。

    a. 酸化剤   b. 酸化防止剤

ツボその6

相性のいい単語の組み合わせを考えてみましょう。ナチュラルな表現が身につきます。

⑧ transmitting（transmit できないものはどれでしょうか。）

    a. disease   b. news   c. packages

ツボその7

英語を英語で言い換えてみましょう。英語の発想に慣れることができます。

⑩ is converted into（言い換えるとすればどれがよいでしょうか。）

    a. is changed into   b. is reduced to   c. is replaced by

⑪ This can lead to health problems（言い換えたとき，空欄にどんな語が入りますか。）

    If you have too much ¹·＿＿＿＿＿＿＿, you ²·＿＿＿＿＿＿＿ get diseases.

⑫ too little calcium can contribute to the weakening of your bones（言い換えとして適当でないものを選びましょう。）

    a. too little calcium can make your bones weak
    b. too little calcium can weaken your bones
    c. too little calcium can prevent your bones from getting weak

ツボその8

語や句の正しい使い方を身につけましょう。応用力が身につきます。

⑬ is associated with（この表現を正しく使った文はどれでしょうか。）

    a. Drinking is associated with cancer.
    b. He was associated with the accident.
    c. My uncle is associated with my father.

⑭ sources（この単語を正しく使ったものを2つ選びましょう。）

    a. sources of income
    b. sources of food
    c. sources of friendship

STEP ②

概要把握のためのリーディング

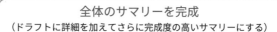
学習のフローチャート

```
文章全体のキーワードの検索
（文章全体を反映したキーワードを３つほど探す）
```
▼
```
キーワードを自分の言葉に置き換えて
トピックセンテンス（主題文）を作成
（自分の言葉で述べないと本当の理解ではない！
キーワードを使い文章全体の主題を示す英文を作ればよい）
```
▼
```
パラグラフごとのトピックセンテンスの作成
（各パラグラフの概要を示すトピックセンテンス，
つまり一番伝えたい内容を含む文）
```
▼
```
全体のサマリーを作成
（パラグラフごとのトピックセンテンスをくっつけると
サマリーのドラフトになる）
```
▼
```
全体のサマリーを完成
（ドラフトに詳細を加えてさらに完成度の高いサマリーにする）
```

文の理解はどのように導かれているのでしょう？
どのように文章の意味が心の中で理解されるのでしょう？

意味と呼ばれるものはイメージとして心の中に浮かんでいる

読むとは文章から得た情報をもとに
心にイメージを構築すること
専門的には「心的表象を構築する」と言われている

つまり読んで正しく理解するとは以下の等式を実現すること！
（書き手が文に与える心的表象）＝（読み手が読んで浮かべる心的表象）

心的表象には2種類あると言われています。
① 読み手が文字情報から直接浮かべる表象（bottom-up 的）
② 読み手が既に持っている知識を補填して構築する表象（top-down 的）

読み手は文字情報のみからだけではなく
トップダウン的にテキスト処理を行う

だから多面的なテキスト表象の構築が可能となり
より深い理解が導かれる

＜完全な理解とは？＞

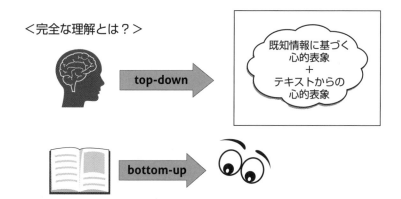

top-down

既知情報に基づく
心的表象
＋
テキストからの
心的表象

bottom-up

その既知情報はスキーマ（schema）と呼ばれ，2種類あります。

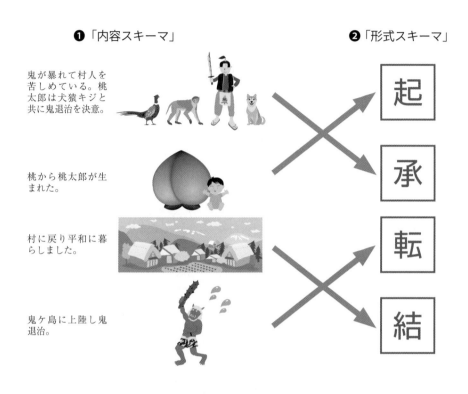

❶「内容スキーマ」　　　　　　　　　　　　　❷「形式スキーマ」

鬼が暴れて村人を苦しめている。桃太郎は犬猿キジと共に鬼退治を決意。

起

桃から桃太郎が生まれた。

承

村に戻り平和に暮らしました。

転

鬼ケ島に上陸し鬼退治。

結

❷は比較，因果関係，例証，事実と意見，時系列，重要度順，
プロセス，説得，問題と提案などのロジックの展開に関する知識です。

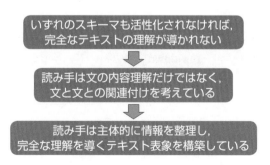

いずれのスキーマも活性化されなければ，
完全なテキストの理解が導かれない

↓

読み手は文の内容理解だけではなく，
文と文との関連付けを考えている

↓

読み手は主体的に情報を整理し，
完全な理解を導くテキスト表象を構築している

　英語はリーディングだ！

ではなぜ「サマリーを書くこと」が
リーディング練習として効果的なのでしょうか？

会話では「要するにこういうことですよね？」と
自分なりにまとめて理解を確認する場合あります。
これを心的表象の観点から説明すれば……

「相手の話を聞いて自分で構築した心的表象と
話し手が伝えたい心的表象との一致度を確認している」

つまり自分なりの内容スキーマや形式スキーマを使い
聞き取れた内容の心的表象を自分なりに構築している
それがサマリーを書くという作業

サマリーを書くとは，心の中のテキスト表象を書き下ろしていること

サマリーを見れば，その人が
読んだテキストの主題，情報の関連性を
どれだけ正確に理解しているかがわかる

サマリーを書く目的で読めば，
情報の関連性，情報の主副の関係も考えながら読むことになり
概要を捉える読みの能力も高まる

どのような文章でも
大局的な情報を示す部分（主：**global** な理解）と
局所的な情報を示す部分（副：**local** な理解）がある
言い換えると：主（概要）と副（詳細）

テキスト全体の理解が速い読み手は，主副の分類が速い
読んだ内容のサマリーを書く練習をすると
そのような情報の分類が速くなるはず

Happy Marriage?

まず，以下の英文にざっと目を通し，だいたいの内容をつかんでみましょう。

Recent statistics hint that more and more people are opting to stay single. Nevertheless, most men and women still want to get or be married. A good marriage is still seen as the surest* way to lead a happy, meaningful life. On the other hand, a bad marriage is not only an unhappy one, but it can also have a detrimental* effect on the partners' health. 5

That's the conclusion reached by a study published in *The Annals of Behavioral Medicine*.* Researchers asked 303 generally healthy people detailed questions about the quality of their lives. After completing the questionnaire, the participants wore a portable blood pressure device 10 for 24 hours as they went about their normal daily activities. Those subjects* who had confessed to being trapped in an unhappy relationship had much higher levels of blood pressure, stress, and depression. One of the researchers says, "Just being married per se* isn't helpful from a health standpoint, because you can literally be worse off* in an unhappy 15 marriage."

So how can an unhappy marriage become a good one? Another study indicates that a good quarrel may be the answer. Couples who suppressed their anger were found to have a mortality rate* two times as high as couples who regularly expressed their dissatisfaction. The American 20 playwright* Thornton Wilder once said: "Fighting is the best part of marriage. Everything else is so-so." As the above study shows, Wilder may have been more correct than ironic.*

(241 words)

注：surest: 形容詞 sure の最上級「一番確実な」という意味　　detrimental: 有害な
The Annals of Behavioral Medicine: 行動医学年報　　subject: 被験者　　per se: それ自体が
worse off: 暮らしが悪くなる，より悪くなる　　mortality rate: 死亡率　　playwright: 脚本家
ironic: 皮肉な

学習のポイント（ツボを押さえよう）

ツボその1

① 本文を読んで全体の概要を最もよく示すキーワードを3つ，以下に書いてみましょう。単語の最初の文字は示されています。

m_____   h_____   f_____

② 選んだキーワードをもとに本文の概要を説明する以下の英文を完成させましょう。

1._____ has a strong influence on our 2._____,

and 3._____ can improve the quality of marriage.

タイトルに出てくる単語，また本文に何度も出てくる単語，トピックセンテンスや結論の文の単語がキーワードとなります。

ツボその2

各パラグラフのトピックセンテンスを書きましょう。トピックセンテンスが明示されている場合はそのまま抜き出して，されていない場合は各パラグラフでキーワード3語を探し，それをもとにトピックセンテンスを作成します。わからない場合は，それぞれの質問に答えればトピックセンテンスになります。

第1パラグラフ（キーワードを抜き出して文を作りましょう。）

_____   _____   _____

What influences our health negatively?

_____

_____

第2パラグラフ（本文から抜き出しましょう。）

Write an example which proves that unhappy marriage has an influence on our health.

_____

_____

第3パラグラフ（本文から抜き出しましょう。）

How can we solve the problem of an unhappy marriage?

_____

_____

> 英語のパラグラフ（paragraph）は1つの主題（main idea）を説明する意図で構成されています。各パラグラフの主題が集約されている（最も伝えたい情報となる）一文をトピックセンテンス（topic sentence）と呼んでいます。

ツボその3

ツボ2で書いた各々のトピックセンテンスをつなげてサマリーを作成しましょう。理想としては，そのまま抜き出した本文の表現を自分なりの表現に変えることです。また英文に流れを持たせるために「つなぎ語」を含むとよいです。この場合，第2パラグラフからの英文の前に For example，第3パラグラフからの英文の前に However などを入れるとよいでしょう。自分で書いたサマリーを例と比べてみましょう。

_____

_____

_____

_____

_____

_____

_____

_____

例：A unhappy marriage may have a negative effect on our health. <u>For example</u>, one study shows that those who have an unhappy relationship had much higher levels of blood pressure, stress, and depression. <u>However</u>, another study says that fighting may be the solution and may improve the quality of marriage.

ツボその4

ツボ3で書いたサマリーに詳細な情報をさらに加えてより詳しいサマリーにしましょう。以下の質問に答えると詳細にあたる情報が何かわかります。その答えをツボ3のサマリーに付け足しましょう。自分のサマリーを例と比較してください。

第2パラグラフについての質問
How was the study carried out?

第3パラグラフについての質問
Why does the author think that a good quarrel can be good for a married couple?

_____

_____

_____

_____

_____

_____

_____

_____

_____

_____

_____

例：An unhappy marriage may have a negative effect on our health. For example, one study asked 303 healthy people about their marriage lives and measured their blood pressure for 24 hours. The result showed that those who have an unhappy relationship had much higher levels of blood pressure, stress, and depression. However, another study says that fighting may be the solution and may improve the quality of marriage. This is because the study showed that couples who regularly expressed their dissatisfaction were healthier than those who didn't.

Good Job (1)

まず，以下の英文にざっと目を通し，だいたいの内容をつかんでみましょう。 🔊⁵

　Last May Day, world workers staged protests, demonstrating against austerity measures* government leaders imposed to stem the debt crisis.* Thousands of protesters in the Philippines, Indonesia, and Taiwan called for wage hikes* amidst rising school fees and consumer and gasoline prices. The mood across Europe was angrier and gloomier, with demonstrators ⁵ protesting high unemployment rates and government budget cuts. One Madrid demonstrator explained, "I am here because there is no future for the young people of this country." As another protester put it: "Money does not just vanish. It just changes hands, and now it is with the banks. And the politicians are puppets of the banks." ¹⁰

　Losing your job despite being able-bodied, skilled, and experienced; suddenly finding yourself without meaningful work and not being able to see yourself as a family "breadwinner*" and contributing member of society—these are traumatic events in a person's life. So when workers take to the streets, it's not just loss of earning power they're protesting; ¹⁵ it's loss of dignity and identity.

　It's not just blue-collar workers that are now being affected. Author Barbara Ehrenreich summed up the current situation: Today, white-collar job insecurity is no longer a function of the business cycle—rising as the stock market falls and declining again when the numbers improve. Nor is ²⁰ it confined to a few volatile sectors like telecommunications or technology, or a few regions of the country. The economy may be looking up, but still the layoffs continue. This "perpetual winnowing process*" has been given various euphemisms such as downsizing, smart-sizing, restructuring, and even delayering. Most white-collar workers today, Ehrenreich concludes, ²⁵ expect to be let go at some point, so that someone doesn't have to actually lose a job to feel anxiety and despair.

(289 words)

注：austerity measures: 緊縮財政措置　　debt crisis: 債務・金融危機　　wage hike: 賃上げ
breadwinner: 家の稼ぎ手　　perpetual winnowing process: 永遠に続く選別のプロセス

学習のポイント（ツボを押さえよう）

ツボその1

① 本文を読んで全体の概要を最もよく示すキーワードを3つ，以下に書いてみましょう。単語の最初の文字は示されています。

w_____ p_____ a_____

② 選んだキーワードをもとに本文の概要を説明する以下の英文を完成させましょう。

1._____ in many countries have become angry as they stage

2._____, over the negative impacts of the world debt crisis

which have brought feelings of 3._____ and despair.

ツボその2

各パラグラフのトピックセンテンスを書きましょう。トピックセンテンスが明示されている場合はそのまま抜き出して，されていない場合は各パラグラフでキーワード3語を探し，それをもとにトピックセンテンスを作成します。わからない場合は，それぞれの質問に答えればトピックセンテンスになります。

第1パラグラフ（本文から抜き出しましょう。）

What happened?

_____

_____

第2パラグラフ（キーワードを抜き出して文を作りましょう。）

_____ _____ _____

What do workers lose when they lose their jobs?

_____

_____

第3パラグラフ（キーワードを抜き出して文を作りましょう。）

_____ _____ _____

How has employment changed?

_____

_____

ツボその3

ツボ2で書いた各々のトピックセンテンスをつなげて自分なりの表現でサマリーを作成しましょう。また，英文に流れを持たせるために「つなぎ語」を含みましょう。この場合，パラグラフ間の関係を明らかにするために，because (of)，(because) when，since，This is because，due to，as a result (of) など，特に原因と結果の表現を入れるとよいです。自分で書いたサマリーを例と比べてみましょう。

_____

_____

_____

_____

_____

_____

_____

_____

_____

_____

例：Last May Day world workers demonstrated against austerity measures imposed by governments to stem the debt crisis. <u>When</u> people lose their jobs they lose not just their earnings. They can also lose their dignity and identity too. There is more job insecurity now <u>because of</u> downsizing and restructuring.

ツボその 4

ツボ 3 で書いたサマリーに詳細な情報を 2 つ加えてより詳しいサマリーにしましょう。以下の質問に答えると詳細にあたる情報が何かわかります。その答えをツボ 3 のサマリーに付け足しましょう。自分のサマリーを例と比較してください。

第 1 パラグラフ（また，第 3 段落にも読み取れる内容）についての質問

Why are people angry? Who are responsible for and benefits from the changes that have affected workers?

第 2 パラグラフについての質問

What is necessary for people to feel good about their work?

第 3 パラグラフについての質問

What kinds of workers are effected by the "winnowing process"?

_____

_____

_____

_____

_____

_____

_____

_____

_____

_____

例：Last May Day world workers demonstrated against austerity measures imposed by governments to stem the debt crisis. <u>People are angry at rising prices, unemployment and budget cuts and they blame banks and politicians.</u> When people lose their jobs they lose not just their earnings. They can also lose their dignity and identity too. <u>People need meaningful work which lets them feel they are contributing to their families and society.</u> There is more job insecurity now <u>for all kinds of blue-collar and white-collar workers across the country</u> because of downsizing and restructuring.

STEP 3

文法力を高めるリーディング

学習のフローチャート

書かれてある概要を理解する
（英文にざっと目を通し，大まかな内容をつかんでみる）

内容理解度をチェック
（内容を正しく理解できたかどうかを確認する）

文法に注目する
（内容を理解したうえで，文法項目にも注意を向けてみる）

文法を理解する
（理解した内容をもとに，文法項目を理解する）

文法処理を自動化する
（文法項目にあまり意識を向けなくてもすむようにする）

外国語（英語）と母語（日本語）は別物であり，
外国語（英語）学習に文法学習は必須です。

しかし，

文法を知っていたらそれが使えるか

というと，そうとは限りません。

知っている文法が生きた文法に変わり，

さらに**慣れる**ことで，**外国語（英語）が使いこなせる**

ようになるわけです。

この文法の変化を図で示すと以下の縦の流れになります。

知っている文法
（知識としての文法）

例 1: 英語の受け身形は「be ＋過去分詞（＋ by）」！
例 2: 3 人称単数現在には s ！

例 1: The meeting <u>was cancelled</u>.
例 2: My daughter <u>lives</u> in Tokyo.

生きた文法
（実際に使われた文法）

リーディングによって帰納的に学ぶ文法
（次のページ参照）

使える文法
使いこなす（意識せず
に使える）文法

例 1: Oh, no, my bag <u>was stolen</u>!
例 2: Look, here <u>comes</u> the bus!

それでは，**生きた文法を身につけるには**
どうすればいいのでしょうか？
リーディング
が１つの方法です。つまり，
リーディングを通して，断片的な知識として知っていただけの文法が
実際に文中で使われているのを見て生きた文法へと変わるわけです。

もう１つあります。前のページの を見てください。
前もって知識として頭に入っていなくても，**多くの文に触れる**ことで，
「あー，こうなっているのか」と帰納的に生きた文法を身につける
こともできます。

そのためには，**最初から細かい文法や構文をあまり気にせず，**
書かれている外国語（英語）の意味内容に注目しながらたくさん読む
ことも大切です。
ここまでをまとめると以下のようになります。

リーディングを通して
多くの文に触れる

→

知っていただけの文法が
生き生きしてくる，
新たな文法に気づく

では次に，皆さんがリーディングを通して身につけた生きた文法を，
やはり**リーディングによって定着**させたり，
使えるようにする方法を考えてみましょう。

生きた文法とはいえ，ただ知っているだけではダメで，
実際に使いこなせてなんぼですね。そのためには，
たくさん読む → 文法にたくさん出会う → 文法が定着
→ 実際に使えるようになる
となるわけです。

ここまでの話をまとめると，

最後に，リーディングによって皆さんが身につけた
使える文法力をさらに向上させることを考えてみたいと思います。

皆さんは，「自動化」という言葉を聞いたことはありますか？
自動化とは，
何かをするとき，頭で考えなくても勝手に体が動いてしまうこと
を言います。自転車や車の運転がそうですね。
外国語(英語)を使う場合でも同じことが言えます。つまり，
たくさん読むことで文法を使うことに慣れる（自動化する）

最後の話をまとめると，

となります。

英文素材 Try 1 — *Words to Live By*

まず，以下の英文にざっと目を通し，だいたいの内容をつかんでみましょう。

The Awa are a tribe of Indians <u>living</u> in the Amazon rainforest with only 355 <u>surviving</u> members, and their very survival is in danger. They <u>are being stalked</u> and <u>killed off</u> by professional gunmen who have been hired by logging and construction companies. These people are trying to take over the Awa's traditional land and are clearing the jungle for settlements and cattle ranches. "They are chopping down trees and they are going to destroy everything," said one tribe member. 5

The Awa people <u>are being pushed out</u>, and this sad situation of the Awa has caught the world's attention, including Survival International, a group <u>dedicated</u> to rescuing indigenous tribes at risk of losing their native lands. They asked the Brazilian government to take immediate action to drive out the illegal loggers and gunmen. 10

This loss of native peoples, say field linguists, is a tragedy, because their native languages go with them, not to mention all the traditional knowledge that the languages convey. 15

But there is hope that this loss <u>can</u> be avoided. David Harrison, a linguist at a US college says, "You <u>can</u> have a language <u>spoken</u> by only 50 or 500 people, only in one location, and now through social networking media, that language can achieve a global voice."

(210 words)

どうでしょうか？　大ざっぱな内容は理解できましたか？　まず，だいたいの内容が理解できたか，確認してみましょう。

学習のポイント（ツボを押さえよう）

ツボその1

もう一度本文を読みながら空欄を埋めてみましょう。概要が確認できます。

アワ族とは，一言で言うと 1.＿＿＿＿＿＿＿＿＿＿ 人たちだ。この人たちが今直面している問題は 2.＿＿＿＿＿＿＿＿ であり，その原因は 3.＿＿＿＿＿＿＿＿ だ。アワ族の人たちが置かれている状況に注目したのが 4.＿＿＿＿＿＿＿＿ という団体で，この団体がとった行動は 5.＿＿＿＿＿＿＿＿ だ。アワ族のような人たちがいなくなってしまうと 6.＿＿＿＿＿＿＿＿ といった深刻な問題が起きる。幸いにも，こういった問題を解決する希望はある。それは 7.＿＿＿＿＿＿＿＿ を使うことだ。

> どうですか？　だいたいの意味は確認できたでしょうか？　内容が確認できたところで，本文に使われていた文法に注目してみましょう。

ツボその2

次の本文の下線部に注目してみましょう。

① (ll.2-3) They <u>are being stalked</u> and <u>killed off</u> ...

② (l.8) The Awa people <u>are being pushed out</u> ...

　これらの文は形がやや似ていますね。共通点がわかりますか。これらはどういった構文で，どのような意味を持っているのでしょうか。
　実はこの構文は，「are（be動詞）＋ being ＋動詞の過去分詞形」となっていて，「進行形」と「受身形」が合体されたものです。ですので，その意味は「〜されつつある」といったところです。それぞれの文の意味としては，「① アワ族の人たちは現在，1.＿＿＿＿＿＿＿ つつあります」，「② アワ族の人たちは現在，2.＿＿＿＿＿＿＿ つつあります」となります。

ツボその3

次の本文の下線部に注目してみましょう。

① (l.1) The Awa are a tribe of Indians <u>living</u> in the Amazon rainforest ...

② (ll.2-3) ... with only 355 <u>surviving</u> members ...

　上の2つの ing 形はどうなっているのでしょうか。皆さんがよく知っている「〜しているところ」という意味を表す進行形とは少し異なるようですね。
　実は，動詞の ing 形はちょうど形容詞のように名詞を説明することができるんです。つまり，上の①では，living 以下はすぐ前の a tribe of Indians を説明しているんですね。つまり，その意味は ¹·_____ となります。また②では，surviving はすぐ後ろの members を説明しています。つまり，²·_____ といった意味ですね。

ツボその4

次の本文の下線部に注目してみましょう。

① (ll.9-10) ... a group <u>dedicated</u> to rescuing indigenous tribes ...

② (ll.17-18) You can have a language <u>spoken</u> by only 50 or 500 people ...

　上の2つの ed 形はどうなっているのでしょうか。皆さんがよく知っている「〜した」という意味を表す過去形とは少し異なるようですね。
　実は，動詞の ed 形も，上で話した ing 形と同じように名詞を説明することができるんです。つまり，上の①では，dedicated 以下はすぐ前の a group を説明しているんですね。そして，その意味は ¹·_____ となります。また②では，すぐ前の a language を説明しています。つまり，²·_____ といった意味ですね。

ツボその5

次の本文の下線部に注目してみましょう。

① (l.16) But there is hope that this loss <u>can</u> be avoided.

② (ll.17-18) You <u>can</u> have a language spoken by only 50 or 500 people ...

皆さんおなじみの can,「～できる」という意味ですね。①の文では「この損失は ＿＿＿＿＿ 希望がある」という意味になっています。では②の can はどうでしょうか。この場合，文字通りに「～できる」（能力）よりも，「～ということもありうる」の意味，いわば（実現）可能性を表しているといったところでしょう。空を見上げて雲行きが怪しいとき，It can rain today. などと言うことがありますが，同じような意味を②の文は表しています。この文の意味としては，「50 人や 500 人という（少数の）人々しか話さない言語も存在しえます」といったところでしょうか。ちなみに could を使うとさらに実現可能性が少なくなりますから，あわせて覚えておけば便利ですね。

例：It could rain this afternoon.
　　（ひょっとしたら今日の午後は雨になるかもしれません）

> 以上の5つのツボのほかにも，本文を読みながら何か気づいた文法のツボはありますか？　もう一度本文に目を通し，探してみましょう。そうすることで使える文法がどんどん増えますよ。

ツボその6

自動化を目指しましょう。それではここで本文に戻り，何度か繰り返し音読してみましょう。繰り返し読むことで，だんだんとスムーズに，楽に読めるようになります。それが自動化です。こうなると文法のことはあまり考えず，内容を追うようになり，読むのに要する時間が短くなります。それを実感するために，読み終えるのにかかった時間を計ってみましょう。

1回目：（　）分（　）秒　→　2回目：（　）分（　）秒　→　3回目：（　）分（　）秒

> どうでしたか？　時間は短くなっていったでしょうか？

The World's Hottest Issue

まず，以下の英文にざっと目を通し，だいたいの内容をつかんでみましょう。 (7)

The earth is heating up at an ever-faster rate. This alarming rise in global temperatures is a result of changes in worldwide climate patterns, changes for the most part stemming from various human activities. Every year all our fossil-fuel-powered vehicles and factories are emitting millions of tons of greenhouse gases, notably carbon dioxide (CO_2), into the atmosphere. Methane, rising into the air from our landfill sites and livestock farms and ranches, is another problem. There is also rampant deforestation: the more trees we cut down, the less carbon dioxide is absorbed from the atmosphere. This higher concentration of gases has created a thick "blanket" around the planet that traps the sun's infrared rays and prevents them from bouncing back into space. This trapped heat is warming the earth up.

The global-warming trend has prompted all kinds of dire predictions for the not-too-distant future. Melting polar ice caps and glaciers will raise sea levels, causing widespread coastal flooding. Desertification will wipe out natural habitats, speeding up plant and animal extinction. Higher temperatures will contribute to extreme weather patterns, giving rise to violent typhoons and hurricanes. A pessimistic outlook, to say the least.

Can such a bleak future be averted? Yes, it can. We can recycle more, drive more fuel-efficient vehicles, switch to alternative energy sources, and plant more trees. Most importantly, we can stop listening to global-warming critics who tell us that climate change is only a temporary phenomenon, part of a natural cycle.

(243 words)

注：fossil-fuel: 化石燃料の　　landfill: 埋め立て地　　rampant: 蔓延した
infrared rays: 赤外線　　dire: 悲惨な　　desertification: 砂漠化　　pessimistic: 悲観的な
bleak: 希望のない，暗い　　avert: 回避する

だいたいの内容が理解できたか，確認してみましょう。

学習のポイント（ツボを押さえよう）

ツボその1

次の本文の下線部に注目してみましょう。

① (ll.1-3) This alarming rise in global temperatures is a result of changes in worldwide climate patterns, changes for the most part <u>stemming</u> from various human activities.

② (ll.6-7) Methane, <u>rising</u> into the air from our landfill sites and livestock farms and ranches, is another problem.

③ (ll.14-15) Melting polar ice caps and glaciers will raise sea levels, <u>causing</u> widespread coastal flooding.

④ (ll.15-16) Desertification will wipe out natural habitats, <u>speeding</u> up plant and animal extinction.

⑤ (ll.16-18) Higher temperatures will contribute to extreme weather patterns, <u>giving</u> rise to violent typhoons and hurricanes.

　これらの文は共通点がありますが，1つだけほかと文法構造が違う文があります。ヒントは ing の主体となる名詞です。①の文は ing が前の名詞を修飾している現在分詞で，ing の前の名詞が動作の主体になります。changes が stem の主語となり，stem は「起因する」という意味なので「ほとんどが様々な人間の活動から 1.＿＿＿＿＿＿＿＿＿変化」という訳になります。

　②から⑤は分詞構文と呼ばれ，その文全体の主語が ing の動作主となっています。and を入れて読めば意味は簡単に理解できます。たとえば，Sean was looking at his smartphone, <u>listening</u> to music. の場合は下線部を and listening にすれば「ショーンはスマートフォンを見ていた。そして音楽を聴いていた」となります。より正確な日本語にするには and の前にくる looking at の節と and に続く節の関係性を考えます。この場合は，2つの動作を同時に起こしたという関係性（従属節となるほうに while he was listening to music と while が本来は入ること）がわかり「ショーンは音楽を聴きながらスマートフォンを見ていた」と正確な日本語訳が導けます。この法則で，②から⑤の意味を考えてみましょう。

　② の意味は and を入れると Methane is another problem, and it is rising into the air ...「メタンはもう1つの問題だ。そして，それはごみ廃棄場，畜産場，大牧場から空気中に上がる」となり，その後，and の前後の文の関係性を考えると Methane is another problem, because it is rising ... と従属節となるほうに because（原因と結果）があてはまることがわかります。そうなると「メタンは，ごみ廃棄場，畜産場，大牧場から空気中に 2.＿＿＿＿＿＿＿＿＿ もう1つの問題となる」となります。

　③④⑤ は and の関係性のままでよいですね。「北極の氷冠と氷河が溶け 3.＿＿＿＿＿＿＿＿＿ 広範囲で沿岸部の洪水が起こるだろう」となります。④は「砂漠化が自然の生息地を 4.＿＿＿＿＿＿＿＿ 植物や動物の絶滅を 5.＿＿＿＿＿＿＿＿＿」となり，⑤は「気温がより高くなることが異常気象の 6.＿＿＿＿＿＿＿＿＿ 猛烈な台風やハリケーンを 7.＿＿＿＿＿＿＿＿＿」となります。

ツボその2

次の本文の下線部に注目してみましょう。

① (ll.2-3) ... is a result of changes in worldwide climate patterns, <u>changes for the most part stemming from various human activities.</u>

② (ll.22-23) ... is only a temporary phenomenon, <u>part of a natural cycle.</u>

　下線部は①②ともに文中で同じ位置にありますね。「名詞（,）名詞」と並んでいます。これば同格と呼ばれ，後ろの名詞は先行する名詞の補足説明の役割を果たします。① は「〜は世界規模での気候パターンの変化の結果であり，つまり，その大部分は人間の様々な活動に起因する<u>変化</u>だ」と先行する changes に詳細を加えています。② は「〜は単に一時的な<u>現象</u>であり，＿＿＿＿＿＿＿の一部だ」と phenomenon を補足しています。

ツボその3

次の本文の下線部に注目してみましょう。

① (ll.9-10) <u>This higher concentration of gases</u> has created a thick "blanket" ...

② (ll.14-15) <u>Melting polar ice caps and glaciers</u> will raise sea levels ...

③ (ll.16-17) <u>Higher temperatures</u> will contribute to extreme weather patterns ...

　これらの文は無生物主語で始まる文となっています。英語では無生物主語は多用されますが，①をそのまま「このより高い濃度のガスが厚い『ブランケット』を作り出している」と訳すとわかりにくいですね。上記の本文のように，無生物主語が原因となって，あることが起こるということを表現している場合は，「〜が原因で〜となった」と理解するとわかりやすいです。そうすると「ガスがこのように高濃度になることが原因で，厚い『ブランケット』ができている」となります。②は「1.＿＿＿＿＿＿＿が原因で，海面が上昇するだろう」となり，③は「2.＿＿＿＿＿＿＿が原因で，異常気象が起るだろう」と訳せます。

ツボその4

自動化を目指しましょう。それではここで本文に戻り，何度か繰り返し音読してみましょう。繰り返し読むことで，だんだんとスムーズに，楽に読めるようになります。それが自動化です。こうなると文法のことはあまり考えず，内容を追うようになり，読むのに要する時間が短くなります。それを実感するために，読み終えるのにかかった時間を計ってみましょう。

1回目：（　）分（　）秒　→　2回目：（　）分（　）秒　→　3回目：（　）分（　）秒

> では読みもスムーズになったところで本文全体にもう一度目を通し，
> 内容を英語で確認することにしましょう。

ツボその5

内容を英語で復習しましょう。以下は本文を言い換えたものです。本文をもう一度読み，空欄に入る単語を選択肢から選び，当てはまるように単語を書き換えましょう。これまで見てきた文法のツボも参考にしてください。

　　The earth is getting warmer at an alarming rate. Climate patterns have changed in many areas around the world, and the 1._____ have occurred because of a variety of human activities. Millions of tons of greenhouse gases released from vehicles and factories have been emitted into the atmosphere. Methane is also a cause of global warming because it is 2._____ into the air from livestock farms and ranches. As the 3._____ of these gases get higher, a thick "blanket" forms around the planet, which traps the sun's infrared rays and prevents them from bouncing back into space. Global warming causes serious problems. For example, as polar ice caps and glaciers melt, sea levels rise, 4._____ widespread coastal flooding. And, plant and animal extinction are 5._____ up. We can take some measures to stop global warming, such as recycling and planting more trees, but most importantly, we should not believe it when global-warming critics tell us that climate change is part of a natural cycle.

【concentrate　speed　cause　change　rise】

> 以上で，英文を読みながら使える文法を身につけ，
> さらにスムーズに英文を読むための練習を終わります。

STEP ④

リスニング力アップのためのリーディング

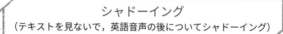

学習のフローチャート

英語音声を聴いてフィンガータッピング
（下線部が聞こえたら中指でテキストをタップ）

英語音声とテキスト中の単語と異なる語の
チェックと意味判断

パラレル・リーディング
（英語音声を聴きながら復唱）

シャドーイング
（テキストを見ないで，英語音声の後についてシャドーイング）

英文内容の理解①
（短文を聴き本文の内容と合致するものを選択）

英文内容の理解②
（本文を聴いて日本語にあたる英語を空欄に挿入）

リスニングの力を伸ばすのに，リーディング（読み）は役立つのでしょうか？

実は，リーディングとリスニングは共通項が多くあります。

もちろんその最初の段階①は異なります。

①音声言語の知覚　　リスニング

①文字言語の知覚　➡　リーディング

しかし，②〜⑥は同じです。

②語彙(単語)の処理
(聴いた・見た単語の理解)

⬇

③文法(構造)処理
(文の **SVOC** など構造を捉える)

⬇

④意味処理
(意味内容がおかしくないか)

⬇

⑤文脈(コンテキスト)処理
(前後の意味内容と関連付け)

⬇

⑥スキーマ処理
(関連する既知情報を活用)

先の②～⑥はそれぞれ次のようなことをしています。

②皆さんが頭の中に蓄えている語彙情報を使って，
英文中の単語の意味を把握すること。

③文の**主語・動詞・目的語**を特定したり，
関係詞節や副詞句の**役割・機能**を明らかにしたりすること。

④**意味内容**に矛盾がないかどうか判断すること。
たとえば，A green idea sleeps furiously.（緑色のアイデアが激しく眠る）
といった文は，文法的には可能でも意味的にありえません。

⑤**前後の文脈（コンテキスト）**と照らし合わせて，意味を特定すること。
たとえば，He went to the **bank** <u>to do some jogging.</u>
He went to the **bank** <u>to withdraw some money.</u>
下線部が文脈で，それによって bank の意味がはっきりします。

⑥皆さんの**既知情報（スキーマ）**を活用して，意味解釈を行うこと。
たとえば，<u>Time flies like an arrow.</u>（光陰矢のごとし）の下線部は
2 通りの分析が文法的には可能です。
(a)Time（主語：時）＋ flies（動詞：飛んでいく）＋ like（前置詞：～のように）
(b) Time flies（主語：時蠅）＋ like（動詞：好む）
しかし，Time flies という蠅は存在しないという情報に基づいて，
(a) の解釈を採用します。

これだけ共通項があると，次のようにリーディングの学習が
リスニング力を伸ばすこと（これを**転移**と呼びます）がわかります。

これまで皆さんには，英語など外国語の文章は**見て読んだら**
少々難しいものでも**理解できる**，
しかし，同じ文章を**聞いたときには理解できない**
という「乖離」がありました。
しかし，本章の学習を通じて，皆さんのリーディング力とリスニング力は
もっとダイレクトに結びつくことでしょう。

Why is it Difficult to Forget 'Bad' Memories?

まず，以下の英文にざっと目を通し，だいたいの内容をつかんでみましょう。 🔊8

Let's say your close relative or friend has passed away. Or perhaps someone you were madly in love with has left you for someone else. We all know that memories of traumatic events like these are particularly hard to erase from the mind. They are remembered much more vividly.

Researchers at Duke University, using brain-imaging techniques, have come up with an answer why. Bad memories not only engage the part of the brain that controls memory, but they also involve the amygdala*, the brain's emotional center. This interaction between feeling and remembering gives such memories a "special resonance." The Duke discovery may help us to better understand and treat post-traumatic stress disorder (PTSD). Victims suffer from frequent flashbacks and nightmares in which they relive the original event over and over.

So, is there any way we can get rid of such bad memories? For centuries, alcohol has been believed to be helpful in "drowning one's sorrows." But a team of doctors at the University of Tokyo says no to that idea. Although alcohol may have some short-term benefits, it actually causes bad memories to linger in the mind much longer and stronger.

But another team of researchers, this time at Harvard University, has developed an "amnesia drug" that can help delete bad memories. The drug, known as Proponal, has already been used to treat victims of rape and serious accidents. In just 10 days on the drug, patients were able to talk about their traumatic experiences more openly and calmly.

(250 words)

注：amygdala: 扁桃体（大脳辺縁系の一部で，高等脊椎動物の側頭葉内側の奥に存在し，情動反応の処理と記憶において主要な役割を持つと言われている）

学習のポイント（ツボを押さえよう）

ツボその 1

本文を見ながら音声を聴き，下線部の英語が聞こえてきたら中指で机をタップ (8)
してください。

ツボその 2

次の音声を聴きながら，本文を目で追っていってください。音声と本文で異な (9)
る語（句）を見つけ，その語に波下線を引いて，聞こえてきた語を下の空欄に記
入しましょう。そのうえで，書かれている語と聞こえてきた語が，同様の意味
を持つ（類義である）場合は○，そうでない場合は×を空欄右の（　　）に入れ
ましょう。

1. _____ （　　） 2. _____ （　　）

3. _____ （　　） 4. _____ （　　）

5. _____ （　　） 6. _____ （　　）

ツボその 3

本文を見ながら音声を聴いて，繰り返しましょう。 (10)

ツボその 4

今度は本文を見ないで音声を聴いて，繰り返しましょう。最大 5 回まで繰り返 (10)
します。

ツボその5

次の a 〜 j の英文を見ずに音声で聴いて，理解した本文の内容と合致するもの 〔11〕
を 5 つ選びなさい。ただし，聴いてわからないときは，次の英文を一度目で追っ
て読んでから，再度聴いて判断しましょう。

a. Memories such as car accidents are easily forgotten from our minds.

b. Memories of traumatic events are retained more clearly than normal memories.

c. Researchers at Duke University conducted the brain-imaging study in order to find out why normal memories are more easily forgotten than traumatic memories.

d. The amygdala is the part of the brain which controls the management of knowledge.

e. Feelings are in a sense a part of memory and can be very important for memory formation.

f. Alcohol has neither short-term nor long-term benefits in forgetting bad memories.

g. PTSD is a critical philosophical condition brought about by traumatic images.

h. Proponal is known to be a drug that will help remove bad memories.

i. Ten days is usually not enough to get rid of the bad memories we experience.

j. Patients usually become so open and calm about their bad memories by drinking alcohol.

ツボその6

本文を聴いて，次の日本語に相当するように空欄に語（句）を埋めてください。 🎧 8

① 交通事故などの記憶がそのままはっきりと覚えているのはなぜだと思いますか。

Why do you think the memories such as serious car ¹·_____ are
²·_____ to erase from your mind.

② 感情と相互作用することで，悪い記憶は大きく共鳴してしまいます。

The ³·_____ between feeling and remembering creates a deep
⁴·_____ for bad memories.

③ 長年の間，アルコールは悲しみを鎮めてくれると考えられてきました。

For years, alcohol has been ⁵·_____ to be helpful in ⁶·_____.

④ Proponal は記憶喪失薬で，使用することによってレイプや深刻な事故などの悪
い記憶を消すことができます。

Proponal is an ⁷·_____ drug, and by using it people can delete
⁸·_____ like rape and serious accidents.

リスニング力アップのためのリーディングトレーニングは，いかがで
したでしょうか？　リーディングとリスニング，意外と共通項がある
ものです。次に Try2 も同様の趣旨です。チャレンジしてみましょう。

You are How You Sleep

まず，以下の英文にざっと目を通し，だいたいの内容をつかんでみましょう。

We often say, "I slept like a baby last night" when we get a good night's sleep and feel refreshed the following morning. But "sleeping like a baby" has a more literal meaning, too. Many of us sleep with our bodies all curled up—like a baby in the womb. This is known as the "fetal position." According to sleep experts, the way we sleep is like a kind of "night-time body language" telling a lot about our personalities.

For example, those of us who sleep "like a baby" tend to be shy and sensitive. People who sleep in the "soldier position"—flat on their backs with their arms at their sides—are often quiet and reserved. If you sleep in the "log position"—on your side with your arms and legs pointing toward the end of the bed—you're likely to be friendly and easy-going. People who sleep on their stomachs in the "free-fall position" are usually aggressive and talkative. If you're a good listener, you probably sleep in the "starfish position," on your back with your arms and legs outstretched. The study added that once a person starts sleeping a certain way, he or she rarely changes it throughout life.

There's probably a lot to what the study says. But I'm not sure where I fit in. When I go to bed at night, I'm a "soldier." When I wake up, I'm a "free-fall." Does this mean I have a "split personality"?

(244 words)

注：womb: 子宮　　fetal: 胎児の　　easy-going: のんきな，のんびりした
talkative: おしゃべり　　outstretched: いっぱいのばされた　　split personality: 二重人格

学習のポイント（ツボを押さえよう）

ツボその1
本文を見ながら音声を聴き，下線部の英語が聞こえてきたら中指で机をタップ　(12)
してください。

ツボその2
次の音声を聴きながら，本文を目で追っていってください。音声と本文で異な　(13)
る語（句）を見つけ，その語に波下線を引いて，聞こえてきた語を下の空欄に記
入しましょう。そのうえで，書かれている語と聞こえてきた語が，同様の意味
を持つ（類義である）場合は○，そうでない場合は×を空欄右の（　　）に入れ
ましょう。

1. ＿＿＿＿＿＿＿＿＿＿＿　（　　）　2. ＿＿＿＿＿＿＿＿＿＿＿　（　　）

3. ＿＿＿＿＿＿＿＿＿＿＿　（　　）　4. ＿＿＿＿＿＿＿＿＿＿＿　（　　）

5. ＿＿＿＿＿＿＿＿＿＿＿　（　　）　6. ＿＿＿＿＿＿＿＿＿＿＿　（　　）

7. ＿＿＿＿＿＿＿＿＿＿＿　（　　）　8. ＿＿＿＿＿＿＿＿＿＿＿　（　　）

ツボその3
本文を見ながら音声を聴いて，繰り返しましょう。　(14)

ツボその4
今度は本文を見ないで音声を聴いて，繰り返しましょう。最大，5回まで繰り　(14)
返します。

ツボその5

次のa〜jの英文を見ずに音声で聴いて，理解した本文の内容と合致するもの 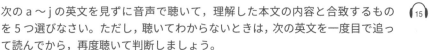 を5つ選びなさい。ただし，聴いてわからないときは，次の英文を一度目で追って読んでから，再度聴いて判断しましょう。

a. We often say that we sleep like a baby when we cannot sleep well.

b. In the fetal position, we sleep very well like a baby in the womb.

c. We can tell the personality of a person when we look at the position he or she sleeps in.

d. The study identified different sleeping patterns to tell whether someone is healthy.

e. When someone sleeps in the soldier position, they might be a quiet person.

f. If you are a friendly person, you often sleep on your side with your arms and legs pointing to the end of the bed.

g. If you are a person who likes to talk a lot, you often sleep in the starfish position.

h. There is no sleeping position which indicates whether the person is aggressive or not.

i. According to the study, we rarely change our sleeping form throughout life.

j. We cannot fit in two traits at the same time since it means that we have split personalities.

ツボその6

本文を聴いて，次の日本語に相当するように空欄に語（句）を埋めてください。　(12)

① 私たちが赤ちゃんのように眠れたというのは，文字通りの意味がある。

When we say we could sleep like a baby, it can have a 1._____ meaning.

② 寝るときに取る姿勢をみれば，その人の性格がわかると言われています。

The 2._____ we sleep can tell a lot about our 3._____.

③ 非常に積極的でよくしゃべる人は，うつ伏せになり "free-fall position" で寝ます。

A person who is very 4._____ and 5._____ tends to sleep in the "free-fall position" lying on his or her 6._____.

④ 研究が示すことはあたっているかもしれませんが，私はいつも同じ姿勢で寝るとは限りません。

What the study said might be 7._____, but I do not always 8._____ 9._____ just one posture.

どうでしたか？　以上で，英文リーディングをすることで，それをリスニングに転移させるための練習を終わります。

STEP ⑤

推論力とリーディング

学習のフローチャート

内容理解に必要な橋渡し推論が必要になる箇所を探す
（推論できるところを考えて下線を引くなど）

↓

どんな橋渡し推論ができるか考える
（推論した内容を簡単に書き込む）

↓

パラグラフごとに読むのを止めて，
内容について考える精緻化推論を行う
（語句を手がかりにした推論や結果の推論を書き込む）

↓

続きのパラグラフの内容を予想する
（著者の気持ちに共感する感情移入を行って続きを書き込む）

リーディングは，テキストに書いてあることをすべて理解したら
それで終わりではありません。
英文に書かれていない意味を推測することを「推論」と呼びます。
これはよく「行間を読む」とも言われます。
こうして初めて，筆者の意図がよくつかめるのです。

①橋渡し推論：
リーディング中に同時進行で行う，
内容理解にどうしても必要な推論

②精緻化推論：
テキストの読みを中断して行う，
書かれた内容について理解を深めるための推論

このように，リーディングでは，書かれていることの行間を読むこと
はとても重要です。でもこれは何もリーディングに限ったことではあ
りません。話し言葉によるコミュニケーションでも，相手の言ってい
る言葉だけでなく，相手の表情やジェスチャーなどノンバーバルから
も相手の発話の意図が見えてきます。このような推論もコミュニケー
ションではとても大切です。

橋渡し推論の例です：

代名詞（it など）が指す内容を推論
Jim was rich and he looked it.「ジョンは金持ちで，見るからにそうだった」
出来事や状態を推論
She dropped a vase and bought a new one. から "The vase was broken." を推論。
表現に含まれる中身を推論
breakfast という語から "bacon and eggs" などが含まれると推論。
特定の動作からそれに含まれる道具を推論
He cut the bread. から "with a knife" を推論。

精緻化推論の例です：

場面や登場人物の状態を推論
The man has to sustain his life by fishing from the end of a wharf. から "The man is not rich." を推論。
テキストで中心となる行動がどんな目的を持っていたかを推論
A businessman was making a bolt with his breakfast in order to catch the train.（朝食をかきこんだ）から "The businessman wanted to get to work in a hurry." を推論。
出来事によって引き起こされた登場人物の感情を推論
His eye came right out on removing the fork stuck in his right eye. から "He became upset." を推論。
出来事の結果を推論
He stuck a fork into his right eye and it came right out on removing the fork. から，"The man will be blind in his right eye." を推論。
文章全体のテーマを推論
When my friend was in a hurry to catch a train and ran down the stairs to the platform, he fell and broke his leg. から，"More Haste, Less Speed."（急がば回れ）という書き手の意図を推論。

以上のように，英文中の個々の文をすべて理解しただけでは，
テキスト全体の意味や書き手の意図を理解したことにはなりません。
特に，精緻化推論は，一人一人が持っている背景知識が異なると，
個人差も出てくることもありますが，これもリーディングです。
頑張って推測してみましょう。

Father's Day

まず，以下の英文にざっと目を通し，だいたいの内容をつかんでみましょう。 🎧16

　Last Father's Day, a seven-year-old boy from Michigan sneaked out* of the house, "borrowed" his stepfather's red Pontiac Spitfire*, and embarked on a "high-speed mission" to visit his real father, who lived some 120 miles away. The boy, barefoot and in pajamas, stood on the car's floorboard to work the gas pedal and brake and to see over the steering wheel. He 　　5 drove nearly 20 miles before a shocked passing motorist spotted him and called 911. "He was crying and just kept saying he wanted to go to his dad's," said the police officer who finally pulled the boy over*.

　While some sons will do anything to be with their divorced dads, some fathers will go to any lengths* to be with their sons. One South Carolina 　　10 father recently walked out on* his job as a car salesman to watch his son pitch in the College World Series championships in Nebraska. When his employers turned down his request for personal time off*, he said, "I quit." A few hours later he was in the stands* rooting for his son. "My dad's been a huge inspiration for me," the son said about his father's impulsive 　　15 action*.

　One study reports that nearly 30 percent of fathers now live away from their children—double the rate in 1960—while married fathers who do live at home with their children are devoting more time to child rearing. These two stories could well stand for two distinct trends that 　　20 characterize American fatherhood.

(247 words)

注：sneaked out: こっそり抜け出す　Pontiac Spitfire: ポンティアック・スピッツファイアー
　　（米国の高級車）　pull over: 警察が車を止める　go to any lengths: 労をいとわない
　　walk out on: ～を去る　personal time off: 私用の休暇　in the stands: 観覧席で
　　impulsive action: 衝動的な行動

　英語はリーディングだ！

学習のポイント（ツボを押さえよう）

ツボその 1

橋渡し推論は，情報間の関連性を読み手が補って結束を持たせる推論です。代名詞などはその例ですが，ここでは読み手が内容を補って理解する必要のある個所について，橋渡し推論をします。まずは第 1 パラグラフについて問題に答え，橋渡し推論とはどういうことか理解しましょう。

推論箇所 (ll.3-4) ... to visit his real father, who lived some 120 miles away.
　① 実父と 7 歳の息子の関係はどのような状況でしょうか。
　　a. その息子は父親とはかなり離れた場所に住んでおりほとんど会っていない。
　　b. その息子は父親とはかなり離れた場所に住んでおり特別な日は必ず会いに行く。

推論箇所 (ll.4-6) The boy, barefoot and in pajamas, stood on the car's floorboard to work the gas pedal and brake and to see over the steering wheel.
　② 何時頃の話でしょうか。
　　a. 早朝か夜　　　　b. 昼か夕方
　③ 息子の背丈はどのくらいでしょうか。
　　a. 7 歳にしては運転できるほど高い　　　b. とても運転できる身長ではない

推論箇所 (ll.6-7) ... a shocked passing motorist spotted him and called 911.
　④ 息子は実父の所に到着できましたか。
　　a. 問題なくできた　　　　b. できなかった

> これらの答えは背景知識から十分に推論できることですね。では次に，第 2 パラグラフと第 3 パラグラフについて以下の箇所の橋渡し推論をしてみましょう。

推論箇所 (l.9) While some sons will do anything to be with their divorced dads, ... （読み手が補える情報：“do anything” に隠れた息子の実父に対する思い）

　⑤ → _____

推論箇所 (ll.12-13) When his employers turned down his request for personal time off ... （読み手が補える情報：父親が上司に伝えたこと）

　⑥ → _____

推論箇所 (l.14) A few hours later he was in the stands rooting for his son. （読み手が補える情報：父親はどこのスタンドにいるのか）

　⑦ → _____

ツボその2

精緻化推論をパラグラフごとに行いますが，ここでは人間関係→心情→結果と順に推論します。第1パラグラフは問題に答えながら推論してみましょう。

（設定は Father's day, seven-year-old boy, stepfather, real father, police officer）

① 上の人達はどのような人間関係があるのか，連想し適当なものを選択してください。その後，本文を読んで推測が正しいか確認してください。

　　a. 義父の父親に7歳の少年は会いたいが，実父が警察官に連絡して保護された。
　　b. 実父に7歳の少年は会いに行き，義父が警察官に連絡し保護された。
　　c. 7歳の少年は義父に内緒で実父に会いに向かうが警察に保護された。

推論箇所　(ll.1-2) a seven-year-old boy ... <u>sneaked out of the house, "borrowed his stepfather's red Pontiac Spitfire ..."</u>
推論箇所　(l.4) The boy, <u>barefoot and in pajamas</u>, stood on the car's floorboard ...
推論箇所　(l.7) He <u>was crying</u> ...

② 心情について推論します。下線部の表現から stepfather と real father に対する少年の気持ちについてどのようなことが推測できますか。

　　a. 義父には申し訳ない気持ちがあるのでこっそり実父にどうしても会いたい。
　　b. 義父は怖いのでこっそり実父に会いたい。

推論箇所　(l.8) ... the police officer who finally pulled the boy over.

③ 結果，少年はどのようになりましたか。結果を推論してみましょう。

　　a. 警察に車を止められ実父に会えなかった。
　　b. 警察に車を止められたが実父には会えた。

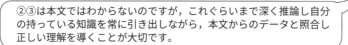

　②③は本文ではわからないのですが，これぐらいまで深く推論し自分の持っている知識を常に引き出しながら，本文からのデータと照合し正しい理解を導くことが大切です。

第2パラグラフについても同様に以下の推論をしてみましょう。

推論箇所　(ll.10-15) One South Carolina father recently walked out on his job ... to watch his son pitch in the College World Series championships ... later he was in the stands rooting for his son ... My dad's been a huge inspiration for me

④ 上の表現からどのような人間関係があり、またどのような話に展開すると連想できますか。連想したら本文を読んで推測が正しいか確認してください。

_____

_____

推論箇所　(ll.10-13) One South Carolina father recently <u>walked out on his job as a car salesman</u> ... When his employers <u>turned down his request for personal time off</u>, he said, "I quit."

⑤ 下線部の表現から息子に対する父親の気持ちについてどのようなことが推測できますか。

_____

_____

推論箇所　(ll.14-15) My dad's been a huge inspiration for me.

⑥ 上の表現から息子の父親に対する気持ちについてどのようなことが推測できますか。

_____

_____

ツボその3

日本で同じような例はないか考えてみましょう（著者に共感してみる）。そのうえで第4パラグラフが続くとすれば、著者はどのようなことを提案すると思いますか。以下のような点を考えればよいでしょう。

① 日本の父親と子どもの関係は、本文のように2通りに分かれますか。またどちらのタイプが多いでしょうか。
② 父親の子どもとの関わり方について本文で知った後、どのようなことをさらに知りたくなるか考えましょう。

Taste

まず，以下の英文にざっと目を通し，だいたいの内容をつかんでみましょう。 (17)

    In 2005, Kentucky Fried Chicken (KFC)—of all places—conducted a comprehensive study of personality. Using KFC customers as subjects and different barbecue sauces as test factors, KFC's research revealed a direct link between flavor preference and personality. For example, people who prefer the sweet and tangy Honey BBQ sauce are "winners   5 who do not accept defeat and have little tolerance* for others' foolishness." Customers who choose the hotter Sweet and Spicy sauce, on the other hand, are outgoing, flamboyant* people who enjoy taking risks and seeking out exciting new experiences at work, at play, and in romance.

    Although we perhaps shouldn't take KFC's findings too seriously—   10 it is, after all, a commercial come-on*—the results coincide with a well-known fact in psychological circles: that our personal preferences tell us a lot about who we really are. This is backed up by a recent study led by Professor Adrian North of Scotland. Researchers asked 36,000 men and women of all ages from all over the world to rate different   15 musical styles. Then the subjects took detailed personality tests. Jazz fans proved to be creative, sociable, and verbally gifted, classical music buffs were thoughtful and quiet, and country music lovers were diligent, friendly, and dependable. The big surprise was heavy metal* fans. While the conventional stereotype sees them as dangerous to themselves and   20 society, North's study found them to be gentle and "quite delicate."

(233 words)

注：tolerance: 寛容　　flamboyant: 派手な　　come-on: 客寄せの誘惑
heavy metal: ヘビーメタル（ロック音楽）

学習のポイント（ツボを押さえよう）

ツボその1

本文を読んで橋渡し推論ができる箇所に印をつけてみましょう。ここでは読み手が内容を補って理解する必要のある個所を探してください。

ツボその2

ツボその1で探した箇所に以下を含むか確認しましょう。橋渡し推論はできていたか確認してください。

推論箇所 (ll.1-4) (KFC) ... conducted a comprehensive study of personality. Using KFC customers as subjects and different barbecue sauces as test factors, KFC's research revealed a direct link between flavor preference and personality.

→ KFC は，自分の会社のお客さんと商品に関する調査を行う。
→ 今回の調査では，お客さんの 1.＿＿＿＿＿＿＿＿ と 2.＿＿＿＿＿＿＿＿ との間では何らの関係があると仮説が立てられた。

推論箇所 (ll.5-9) ... people who prefer the sweet and tangy Honey BBQ sauce are "winners who do not accept defeat and have little tolerance for others' foolishness." Customers who choose the hotter Sweet and Spicy sauce, on the other hand, are outgoing, flamboyant people who enjoy taking risks and seeking out exciting new experiences at work, at play, and in romance.

→ 甘口の味を好むことは，3.＿＿＿＿＿＿＿＿ 気持ちに何らかの形で結びついている。
→ 辛口の味を好むことは，4.＿＿＿＿＿＿＿＿ を求めようとする気持ちに何らかの形で結びついている。

推論箇所 (ll.10-13) Although we perhaps shouldn't take KFC's findings too seriously —it is, after all, a commercial come-on—the results coincide with a well-known fact in psychological circles: that our personal preferences tell us a lot about who we really are.

→ KFC が発表した調査の結果は，あまり 5.＿＿＿＿＿＿＿＿ ではなく，6.＿＿＿＿＿＿＿＿ できないかもしれない。
→ 今回の調査は，ただの 7.＿＿＿＿＿＿＿＿ だけの可能性がある。
→ 個人の好みは，8.＿＿＿＿＿＿＿＿ の観点から研究されてきた。

推論箇所 (ll.14-16) Researchers asked 36,000 men and women of all ages from all over the world to rate different musical styles. Then the subjects took detailed personality tests.

→ 研究者は，好きな音楽のジャンルが個人の性格と関係があると ⁹._____ を立てていた。

→ 性と ¹⁰._____ も関係があると思われた。

→ 研究調査のサンプル規模は ¹¹._____。

→ 参加者は，1 つだけではなく，¹²._____ を受けた。

推論箇所 (ll.16-17) Jazz fans proved to be creative, sociable, and verbally gifted ...

→ ジャズのファンは，想像力が高い，社交的，言葉の表現力が高いという ¹³._____ は既に一般的にあった。

推論箇所 (ll.19-21) The big surprise was heavy metal fans. While the conventional stereotype sees them as dangerous to themselves and society, North's study found them to be gentle and "quite delicate."

→ ヘビーメタルのファンは，一般的に ¹⁴._____ イメージをもたれている。

ツボその3

精緻化推論をパラグラフごとに行います。第 1 パラグラフについて以下の推論をしてみましょう。

【study, KFC customers, link, sauce, flavor preference, personality】

① 上の表現からどのような人間関係があり，またどのような話に展開すると連想できますか。連想したら本文を読んで推測が正しいか確認してください。

推論箇所 (l.5) ... people who prefer the sweet and tangy Honey BBQ sauce are "winners ..."

② 上の文に基づき，空欄に推測できる適切な内容を補って文を完成しましょう。

→ They prefer the sauce because _____.

推論箇所 (ll.7-8) Customers who choose the hotter Sweet and Spicy sauce ... are outgoing, flamboyant people ...

③ 上の文に基づき，空欄に推測できる適切な内容を補って文を完成しましょう。

→ They prefer the sauce because _____.

推論箇所 (ll.1-2) ... conducted a comprehensive study of personality.

④ 上の内容について推論してみましょう。

→ How did they conduct the study?

_____.

推論箇所 (l.10) ... we perhaps shouldn't take KFC's findings too seriously

⑤ 上の内容について推測してみましょう。

    → What might some people think?

_____.

第 2 パラグラフについて以下の推論をしてみましょう。

【results, well-known fact, circles, personal preferences, who we really are】

⑥ 上の表現からどのような関係があり，またどのような話に展開すると連想できますか。連想したら本文を読んで推測が正しいか確認してください。

推論箇所 (ll.14-16) Researchers asked 36,000 men and women of all ages from all over the world to <u>rate different musical styles</u>. Then the subjects took <u>detailed personality tests</u>.

⑦ 下線部の表現からどのようなことが推測できますか。

_____.

_____.

推論箇所 (ll.16-19) <u>Jazz fans</u> proved to be creative, sociable, and verbally gifted, <u>classical music</u> buffs were thoughtful and quiet, and <u>country music</u> lovers were diligent, friendly, and dependable.

⑧ 下線部の表現からどのようなことが推測できますか。

_____.

_____.

推論箇所 (ll.19-21) The big surprise was heavy metal fans. While <u>the conventional stereotype</u> sees them as dangerous to themselves and society, North's study found them to be gentle and "quite delicate."

⑨ 下線部の表現からどのようなことが推測できますか。

_____.

_____.

ツボその 4

ほかに同じような例はないか考えてみましょう（著者に共感してみる）。そのうえで第 3 パラグラフが続くとすれば，著者はどのようなことを提案すると思いますか。

STEP 6

英語の文章構造を学び，リーディングに活かす

学習のフローチャート

パラグラフ全体をながめてみる
（日本語とは違う，英語のパラグラフの特徴に注目する）

パラグラフごとのトピックとは
（英語ではパラグラフごとに筆者が言いたいことは1つ）

トピックセンテンスを見つける
（トピックセンテンスはパラグラフの冒頭にくることが多い）

パラグラフ全体の構造を理解する
（トピックセンテンスとパラグラフの残りの部分との関係に注目する）

パラグラフ構造の知識をリーディングに活用する
（パラグラフの構造を考えながら，
どこに何が書かれているかを考えながら読んでみる）

言語によって文章（まとまった文，パラグラフ）の構造は異なる
ということを皆さんは知っていましたか？
つまり，**英語のパラグラフの構造を知れば，
ポイントを押さえながら英文をうまく読める**
となりますね。ここまでは OK でしょうか？

それでは次に，**英語のパラグラフがどのような構造になっているのか，**
見ていくことにしましょう。まず始めに，
英語のパラグラフにおいては，トピック（中心となる話題）は 1 つ
だとされています。以下のような感じです。

したがって，
英語のパラグラフをうまく読むためにはトピックを素早くつかむことが重要
になってきます。
では，パラグラフのトピックを素早く見つけるには
どうすればよいのでしょうか？
それは簡単です！

トピックというのは筆者がそのパラグラフの中で最も言いたいことですから，
当然ながら繰り返し登場します。
同じ単語が繰り返し出てきたら，その単語がトピックに関係している
と考えてまず間違いありません。ところで，
トピックを含んだ英文をトピックセンテンス
と言い，ありがたいことに，英語のパラグラフにおいては
トピックセンテンスがくる場所はだいたい決まっています。
よくあるのは**パラグラフの始めの部分**なので，
英語のパラグラフを読むときには，最初の文に注目
してみてください。その文がトピックセンテンスである可能性が高いです。
もちろん，トピックセンテンスがパラグラフの中程にきたり，
パラグラフの最後の方にくる場合もありますので，そこは注意が必要です。

【パラグラフの中でのトピックセンテンスの場所】

トピックセンテンス（パラグラフの先頭） 　　　　トピックセンテンス（パラグラフの中程） 　　　　　　　トピックセンテンス（パラグラフの末尾）

そして，トピックセンテンスの中には，トピックと同時に，
そのトピックに対する筆者の考え（メインアイデア）が書かれている
こともよくあります。
したがって，トピックセンテンスをうまく見つけることができれば，
そのパラグラフでは何について書かれてあり，
それに関して筆者は何を言いたいのかが一気に理解できます。

トピックセンテンス ＝ トピック
（中心となる話題）
＋
メインアイデア
（トピックに対する筆者の考え）

英語はリーディングだ！

では最後に，英語のパラグラフにおいて
トピックセンテンス以外のところはどうなっているのか
を簡単に見ておきましょう。
以下に代表的な英語のパラグラフ構造のパターンを説明します。

1. 一般論・詳細（generalization/detail (listing)）

まず一般的な事柄が，続いてそれをサポートする一連の詳細な事柄が述べられるパターンです。よく使われる「つなぎ語」は，for example, for instance, first, second, another, in addition, last などです。

2. 時系列・順序（chronology/sequence）

時系列で起こる事柄や手順を述べながらメインアイデアが述べられるパターンです。よく使われる「つなぎ語」は，first, second, then, next, finally などです。

3. 原因・結果（cause/effect）

ある出来事や人がとった行動が別の出来事や人の行動などを引き起こすことがパラグラフの中で描かれます。よく使われる「つなぎ語」は，as a result, consequently などです。

4. 比較・対比（comparison/contrast）

2つの事柄の類似点や相違点が述べられます。よく使われる「つなぎ語」は similarly, also, as, like, but, on the other hand, however などがあります。

5. 問題・解決（problem/solution）

トピックとして何らかの問題が取り上げられ，それがどのようにして解決されたかということがパラグラフ全体を通して述べられます。solve, resolve などの単語がよく使われます。

6. 概念紹介・解説（extended definition）

通常やや複雑な概念などがまず紹介され，それを説明，あるいは解説するために，語の定義や説明しようとする概念の描写が行われます。

The Friendlier the Better

まず，以下の英文にざっと目を通し，だいたいの内容をつかんでみましょう。 18

In technical terms, socialization* refers to the process by which we learn how to function in society. Through this process we develop an awareness of social *norms* (guidelines for how to behave in specific social situations); *customs* (traditional ways of doing things); and *values* (beliefs about what is right or wrong). Through socialization we also achieve a sense of our personal identity. Although socialization by and large* takes place during our formative years such as infancy, childhood, and adolescence, it is to a certain extent a life-long process. 5

In everyday terms, however, to socialize simply means to mingle socially with other people. It means making friends, getting along with classmates and colleagues, going out to pubs and parties. In other words, socialization plays a crucial role in all our lives. Just how important a role it plays has been underscored by several recent sociological and neurological research projects. One, carried out by social scientists and psychologists at the University of Michigan, has found that socialization actually makes us smarter. The author of the study concluded that frequent social interaction* exercises people's brains, giving us higher levels of cognitive performance. 10 15

(189 words)

注：socialization: 社会化，ソーシャライゼーション　　by and large: 概して，全般的に
social interaction: 社会的（相互）交流

学習のポイント（ツボを押さえよう）

ツボその1

パラグラフの中で繰り返し出てくる語を見つけましょう。繰り返し出てくる語はトピックを表すキーワードかもしれません。各パラグラフで繰り返されている語を見つけ，そのパラグラフのトピックを日本語で考えてみましょう。

【第1パラグラフ】

繰り返される語：＿＿＿＿＿＿＿＿＿＿＿＿＿＿＿＿＿＿＿＿＿＿＿＿＿＿＿

トピック：＿＿＿＿＿＿＿＿＿＿＿＿＿＿＿＿＿＿＿＿＿＿＿＿＿＿＿＿＿＿

【第2パラグラフ】

繰り返される語：（同一ではないが似たような単語として）＿＿＿＿＿＿＿＿＿

＿＿＿＿＿＿＿＿＿＿＿＿＿＿＿＿＿＿＿＿＿＿＿＿＿＿＿＿＿＿＿＿＿＿＿

トピック：＿＿＿＿＿＿＿＿＿＿＿＿＿＿＿＿＿＿＿＿＿＿＿＿＿＿＿＿＿＿

ツボその2

トピックセンテンスを見つけましょう。各パラグラフのトピックセンテンスを探し，そのまま英語で書いてみましょう。トピックセンテンスとは，そのパラグラフの内容をうまくまとめている文で，通常，パラグラフの冒頭にくることが多いです。メインアイデア（筆者の考え）が含まれていることもあります。

【第1パラグラフ】

＿＿＿＿＿＿＿＿＿＿＿＿＿＿＿＿＿＿＿＿＿＿＿＿＿＿＿＿＿＿＿＿＿＿＿

＿＿＿＿＿＿＿＿＿＿＿＿＿＿＿＿＿＿＿＿＿＿＿＿＿＿＿＿＿＿＿＿＿＿＿

【第2パラグラフ】

＿＿＿＿＿＿＿＿＿＿＿＿＿＿＿＿＿＿＿＿＿＿＿＿＿＿＿＿＿＿＿＿＿＿＿

＿＿＿＿＿＿＿＿＿＿＿＿＿＿＿＿＿＿＿＿＿＿＿＿＿＿＿＿＿＿＿＿＿＿＿

どうでしたか？　うまく見つかりましたか？

ツボその3

つなぎ言葉に注目し，話の流れをうまくつかみましょう。それぞれのパラグラフの中にある「つなぎ語」を探してみましょう。「つなぎ語」とは，文と文を様々な関係でつないでいる語のことでしたね。

【第1パラグラフ】

【第2パラグラフ】

どうでしょうか？ つなぎ語に注目することで各パラグラフの中での話の流れを追うことはできましたか？

ツボその4

パラグラフの構造のパターンを考えてみましょう。各パラグラフの構造のパターンを考え，以下の中から記号で答えましょう。

　　　　ア．一般論・詳細　　イ．時系列・順序　　ウ．原因・結果
　　　　エ．比較・対比　　　オ．問題・解決　　　カ．概念紹介・解説

第1パラグラフのパターン（　　　）
第2パラグラフのパターン（　　　）

それでは各パラグラフの構造がわかったところで，全体を通してもう一度読んでみましょう。その際，これまで見てきたキーワードやトピックセンテンス，各パラグラフの構造を意識してみてください。

ツボその5

内容理解を確認しましょう。パラグラフがうまく読め，内容がうまく理解できたかどうかを確認するために以下の質問に日本語で答えてください。

【第1パラグラフ】

① socialization とはどうすることですか。

_____

② socialization を通して具体的に身につけるものは何ですか。

_____

③ socialization は人の一生においてどの頃起きると言っていますか。

_____

【第2パラグラフ】

④ もっと身近なところで言うと，socialization とはどうすることだと言っていますか。

_____

⑤ それに関して，紹介されている研究はどんな結果をもたらしましたか。

_____

このように，パラグラフの構造に注目するのとしないのとでは，読みの深さが変わってきます。皆さんも実感できたでしょうか？　では，もうひとつ Try 2 にチャレンジしてみてください。

Turn That TV Off Right This Minute!

まず，以下の英文にざっと目を通し，だいたいの内容をつかんでみましょう。

About some things, I am what psychologists call an "addictive*
personality." I'm much too fond of sweets and beer. As a result, I put
on weight and spend too much time in the pub. It takes a great deal of
effort to conquer these bad habits. When I do manage to quit or cut back,
before long I'm back at it* again. But about most other things, I can resist　5
temptation quite easily. I have never been attracted to drugs or gambling,
for example. And as for TV, I can take it or leave it.*

For some people, though, watching TV is a form of "substance abuse*"—
that is, addiction. These so-called "couch potatoes" just can't seem to
switch their sets off. They show all the symptoms of being "hooked.*" They　10
watch TV longer than they intend. They neglect social, work, and family
obligations. They feel ashamed of and guilty about their problem. They
try to quit time and time again. They become bored by "normal activities."
They are easily distracted. What's more, they are often overweight and
out of shape.* And they become isolated and lonely.　15

Young children are especially susceptible* to TV addiction. They can't
tear their eyes away. But studies show they can also learn to watch less
TV. Many preschools in America and Britain have started "anti-TV"
campaigns. At school, kids make "NO TV!" signs, then take them home
and stick them to their TV screens. They get "Congratulations" stickers　20
as rewards for not watching TV and for reading more books. They have
parties at school to celebrate surviving without TV. And it's paying off.*
TV viewing has been cut by over 25 percent.

(278 words)

注：addictive: 依存・中毒性の　　back at it: 元に戻る　　take it or leave it:（受け入れようと
拒もうと）どちらでもいい　　substance abuse: 薬物（麻薬）乱用　　hooked: 中毒になる
out of shape: 不調　　susceptible: 影響受けやすい　　pay off: よい結果をもたらす

　英語はリーディングだ！

学習のポイント（ツボを押さえよう）

ツボその1

キーワードをいくつか探してみましょう。また，そのパラグラフのトピックを日本語で考えてみましょう。

【第1パラグラフ】

　　語：＿＿＿＿＿＿＿＿＿＿＿＿＿＿＿＿＿＿＿＿＿＿＿＿＿＿＿＿＿＿＿＿＿

　　トピック：＿＿＿＿＿＿＿＿＿＿＿＿＿＿＿＿＿＿＿＿＿＿＿＿＿＿＿＿＿＿

【第2パラグラフ】

　　語：＿＿＿＿＿＿＿＿＿＿＿＿＿＿＿＿＿＿＿＿＿＿＿＿＿＿＿＿＿＿＿＿＿

　　トピック：＿＿＿＿＿＿＿＿＿＿＿＿＿＿＿＿＿＿＿＿＿＿＿＿＿＿＿＿＿＿

【第3パラグラフ】

　　語：＿＿＿＿＿＿＿＿＿＿＿＿＿＿＿＿＿＿＿＿＿＿＿＿＿＿＿＿＿＿＿＿＿

　　トピック：＿＿＿＿＿＿＿＿＿＿＿＿＿＿＿＿＿＿＿＿＿＿＿＿＿＿＿＿＿＿

ツボその2

各パラグラフのトピックセンテンスを探し，そのまま英語で書いてみましょう。

【第1パラグラフ】

＿＿＿＿＿＿＿＿＿＿＿＿＿＿＿＿＿＿＿＿＿＿＿＿＿＿＿＿＿＿＿＿＿＿＿＿

＿＿＿＿＿＿＿＿＿＿＿＿＿＿＿＿＿＿＿＿＿＿＿＿＿＿＿＿＿＿＿＿＿＿＿＿

【第2パラグラフ】

＿＿＿＿＿＿＿＿＿＿＿＿＿＿＿＿＿＿＿＿＿＿＿＿＿＿＿＿＿＿＿＿＿＿＿＿

＿＿＿＿＿＿＿＿＿＿＿＿＿＿＿＿＿＿＿＿＿＿＿＿＿＿＿＿＿＿＿＿＿＿＿＿

【第3パラグラフ】

＿＿＿＿＿＿＿＿＿＿＿＿＿＿＿＿＿＿＿＿＿＿＿＿＿＿＿＿＿＿＿＿＿＿＿＿

＿＿＿＿＿＿＿＿＿＿＿＿＿＿＿＿＿＿＿＿＿＿＿＿＿＿＿＿＿＿＿＿＿＿＿＿

話がつながっているか確認しましょう。もしもうまく流れていなければ，もう一度トピックセンテンスを見直してみましょう。

ツボその3

それぞれのパラグラフの中にある「つなぎ語」を探してみましょう。「つなぎ語」とは，文と文を様々な関係でつないでいる語のことでしたね。

【第1パラグラフ】

_____

【第2パラグラフ】

_____

【第3パラグラフ】

_____

ツボその4　パラグラフの構造のパターンを考えてみましょう。

ツボ3で見つけた「つなぎ語」をヒントに，各パラグラフの構造のパターンを考え，以下の中から記号で答えましょう。

　　　ア．一般論・詳細　　イ．時系列・順序　　ウ．原因・結果
　　　エ．比較・対比　　　オ．問題・解決　　　カ．概念紹介・解説

第1パラグラフのパターン　（　　　）
第2パラグラフのパターン　（　　　）
第3パラグラフのパターン　（　　　）

それでは各パラグラフの構造がわかったところで，全体を通してもう一度読んでみましょう。その際，これまで見てきたキーワードやトピックセンテンス，各パラグラフの構造を意識してみてください。

ツボその5

内容理解を確認しましょう。パラグラフがうまく読め，内容がうまく理解できたかどうかを確認するために以下の質問に日本語で答えてください。

【第1パラグラフ】

① 筆者は，具体的にどのように "addictive personality" になっていますか。

_____

② 筆者は，テレビに対してどう述べていますか。

_____

【第2パラグラフ】

③ あるほかの人は，テレビに対してどうなっていますか。

_____

④ その人はどうなりましたか。

_____

【第3パラグラフ】

⑤ 特に誰が，悪影響を受けますか。

_____

⑥ 対策法はありますか。

_____

⑦ 結果はどうなりましたか。

_____

英語のパラグラフ構造を学び，それを活かしたリーディングの練習は以上です。お疲れ様でした。

STEP 7

リーディングを通して「批判的な読み方」を学ぶ

学習のフローチャート

「批判的に」読む
(「批判的」に読むとはどういうことか)

英文の出所や書かれている内容を疑ってみる
(誰が書いたものか，内容は信頼できるか)

筆者の意図を正しく理解しながら読む
(筆者が書いた意図は，書かれている内容の根拠は，
内容はバランスを欠いていないか)

筆者の意図を推論しながら読む
(明確には書かれていないが，筆者はこう言いたいのではないか)

評価しながら読む
(書かれている内容に対して，自分はどう思うか)

皆さんは,「英語を読む」とはどういうことか,
改めて考えたことはあるでしょうか?
もちろん英語に限ったことではありませんが,
「読む」とは単に書かれている文の意味をとる(鵜呑みにする)
ことではありません。
優れた読み手は英語を批判的に読む
と言われています。

優れた読み手 = 字面通りの意味理解 + 批判的読み

では批判的に読むとはどういうことでしょうか?
批判的に読むためには,まず,
**その英文に書かれている情報はどこから来たものか(出所),
筆者はどんな人物か**
を考えるということです。

**出所は?
筆者はどんな人物か?**

STEP 7　リーディングを通して「批判的な読み方」を学ぶ　　79

次にすることは,

筆者の意図を正しく理解しながら読む

具体的に言うと,

筆者はどんな目的で書き,その内容には根拠があるのか,

筆者の意見は,書き方は偏っていないか

といったことを考えながら読むということです。

筆者の意図（目的）は？　根拠は？
筆者の意見は偏っていないか？

ここで注意しなければならないのは,「批判的に」読むとは,

筆者や書かれている内容を「疑うだけではない」ということです。

英文に書かれている内容に基づいて推論しながら読む

ことも「批判的に」読むうえで求められるスキルです。

推論しながら／
筆者の言いたいのはこれではないか？

そして最後に,

書かれている内容を評価しながら読む

ことが大切です。

筆者はこう言っているが, 果たして自分はどう思うのか, そしてその理由は？

評価しながら／
自分は賛成か, 反対か？　その理由は？

以上で, 英語を「批判的に読む」という話を終わります。

お疲れ様でした。

The Text is the Message

まず，以下の英文にざっと目を通し，だいたいの内容をつかんでみましょう。🎧20

We are increasingly interacting socially through indirect contact using new technologies like email and texting. Many psychologists and linguists condemn this new kind of communication, primarily because, as the American philosopher and linguist Jerrold Katz once said, "To type is not to be human, to be in cyberspace is not to be real; all is pretense and alienation, a poor substitute for the real thing." Skeptics of the new technologies also argue that they encourage isolation. As Massachusetts Institute of Technology psychologist Sherry Turkle wrote recently, "The little devices most of us carry around are so powerful that they change not only what we do, but also who we are. We've become accustomed to a new way of 'being alone together.'" 10

Texting in particular is coming under fire, and not just because it is dangerous and bad for the health. Texting, some say, causes our language skills to go downhill. For example, *ScienceDaily* reports that new research conducted on the reading habits of university students shows that reading text messages not only has a negative impact on people's ability to interpret new words, but also makes them less accepting of new vocabulary." 15

But are email and texting all bad? Of course not. In fact, says Professor John McWhorter in a *New York Times* op-ed essay, "the looseness and creativity of these new ways of writing are a sign of a new sophistication in our society ... Keyboard technology allows something hitherto unknown to humanity: written conversation. Just as humans can function in multiple languages, they can also function in multiple kinds of language." And while many critics complain that texting and email encourage people to establish online false identities, a new study conducted for the U.S. National Science Foundation reaches a different conclusion. For polling purposes at least, says the study, text messaging is a far better way to get candid answers to personal, sensitive questions than telephone interviews. 20 25 30

(319 words)

学習のポイント（ツボを押さえよう）

ツボその1

文書の出所や筆者のことを考えましょう。本文の中には，情報の様々な出所（大文字から始まる固有名詞）が含まれています。それらを探し，見つかったものをすべて書いてください。

_____

_____

上に挙がった各情報源は信頼できるものだと思いますか。また，その理由は何ですか。

信用度：（　高い　・　低い　・　わからない　）

理由：_____

ツボその2

本文の筆者はどのような人物だと思いますか。また，この人物は，書かれている内容に関する知識を十分持ち合わせていると思いますか。それはどこでわかりますか。

人物：_____

_____

知識：（　持ち合わせている　・　持ち合わせていない　）

根拠：_____

_____

ツボその3

筆者の意図や内容の根拠などを考えてみましょう。書かれている内容に関して，筆者はどういった意見を持っていますか。それをサポートする証拠・データはありますか。また，筆者の意見は極端に偏っていませんか。

筆者の意見：＿＿＿＿＿＿＿＿＿＿＿＿＿＿＿＿＿＿＿＿＿＿＿＿＿＿＿＿＿

＿＿＿＿＿＿＿＿＿＿＿＿＿＿＿＿＿＿＿＿＿＿＿＿＿＿＿＿＿＿＿＿＿＿＿

証拠・データ：（　ある　・　ない　）

＿＿＿＿＿＿＿＿＿＿＿＿＿＿＿＿＿＿＿＿＿＿＿＿＿＿＿＿＿＿＿＿＿＿＿

＿＿＿＿＿＿＿＿＿＿＿＿＿＿＿＿＿＿＿＿＿＿＿＿＿＿＿＿＿＿＿＿＿＿＿

意見の偏り：（　偏っている　・　偏っていない　）

＿＿＿＿＿＿＿＿＿＿＿＿＿＿＿＿＿＿＿＿＿＿＿＿＿＿＿＿＿＿＿＿＿＿＿

＿＿＿＿＿＿＿＿＿＿＿＿＿＿＿＿＿＿＿＿＿＿＿＿＿＿＿＿＿＿＿＿＿＿＿

いかがですか？　批判的に読むというのは少し難しいですね。普段から，色々な情報について，それをそのまま鵜呑みにしないような思考力を育成するように心掛けましょう。とても重要な能力です。

ツボその4

推論してみましょう。言葉に直接表れていない筆者の考え・気持ちなどはあると思いますか。あればどんな考えか，気持ちかを書いてください。また，どの箇所からそう思いましたか。

筆者の考え・気持ち： _____

_____

そう思った箇所： _____

_____

ツボその5

評価しながら読んでみましょう。あなたは，筆者の意見に賛成ですか，反対ですか。このテーマに関するあなたの考えを簡潔に書いてください。

筆者の考えに（　賛成　・　反対　・どちらでもない　）

あなたの考え： _____

_____

ツボ4，ツボ5には特に正解はありません。自由に批判的精神を持ってチャレンジしてみてください。

Relatively Successful

まず，以下の英文にざっと目を通し，だいたいの内容をつかんでみましょう。 ㉑

　　I like to think of myself as being pretty smart. I've always done well in school. I can also write and draw fairly well. But have I made the most of these "gifts"? I don't think so. I haven't lived up to the promise I showed in my early years. In fact, I'm something of an "underachiever." So what happened? Am I just lazy? Disorganized? Do I have what psychologists call the "fear of success" syndrome—an emotional problem that causes me to panic and give up whenever I am about to make it big? 5

　　An article in Sunday's *New York Times* shed some light on my problem. It seems as if I am what is known as "future blind." This means that I lack direction in life. According to the article, everyone has a "control center" in their brain that manages such things as memory, attention, and language to help us achieve our goals. Experts call this center the brain's "CEO." This CEO enables us to "maintain a mental image of destination," writes *Times* reporter Richard Saltus. But "future blind" people like me, whose CEO is defective, lack the ability to see plans and projects through. We also have trouble "resisting immediate temptation in favor of later better rewards." What causes a defective CEO? Scientists say there is something wrong with the brain's frontal lobe, which is "extremely vulnerable" to disease and injury. What can people like me do? Martha Denckla, a neurologist at Johns Hopkins University, says future blind people can be "relatively successful" as long as we have another person to act as an "auxiliary CEO" and keep us on track. 10 15 20

(274 words)

注：make the most of: 最大限利用する　　live up to: ～に添う　　promise: 有望
make it big: 大成功する　　*The New York Times*: ニューヨーク・タイムズ（アメリカ合衆国
新聞社）　　defective: 欠陥がある　　see ～ through: 最後までやり遂げる
frontal lobe: 前頭葉　　as long as: ～しさえすれば　　on track: ～に向かって

学習のポイント（ツボを押さえよう）

ツボその１

本文の中には，情報の様々な出所（大文字から始まる固有名詞）が含まれています。
それらを探し，見つかったものをすべて書いてください。

_____

_____

上に挙がった各情報源は信頼できるものだと思いますか。また，その理由は何です
か。

信用度：（　　高い　　・　　低い　　・　　わからない　　）

理由：_____

ツボその２

本文の筆者はどのような人物だと思いますか。また，この人物は，書かれている内
容に関する知識を十分持ち合わせていると思いますか。それはどこでわかりますか。

人物：_____

_____

知識：（　　持ち合わせている　　・　　持ち合わせていない　　）

根拠：_____

_____

ツボその3

書かれている内容に関して，筆者はどういった意見を持っていますか。それをサポートする証拠・データはありますか。また，筆者の意見は極端に偏っていませんか。

筆者の意見：_____

_____

証拠・データ：（　ある　・　ない　）

_____

_____

意見の偏り：（　偏っている　・　偏っていない　）

_____

_____

 どうでしたか？　批判的な読みを実行することで，筆者の意見を読み取れましたか？

ツボその4

言葉に直接表れていない筆者の考え・気持ちなどはあると思いますか。あれば書いてください。また，どの箇所からそう思いましたか。

筆者の考え・気持ち：＿＿＿＿＿＿＿＿＿＿＿＿＿＿＿＿＿＿＿＿＿＿＿＿＿＿＿＿

＿＿＿＿＿＿＿＿＿＿＿＿＿＿＿＿＿＿＿＿＿＿＿＿＿＿＿＿＿＿＿＿＿＿＿＿＿＿＿

そう思った箇所：＿＿＿＿＿＿＿＿＿＿＿＿＿＿＿＿＿＿＿＿＿＿＿＿＿＿＿＿＿＿

＿＿＿＿＿＿＿＿＿＿＿＿＿＿＿＿＿＿＿＿＿＿＿＿＿＿＿＿＿＿＿＿＿＿＿＿＿＿＿

ツボその5

あなたは，筆者の意見に賛成ですか，反対ですか。このテーマに関するあなたの考えを簡潔に書いてください。

筆者の考えに（　　賛成　　・　　反対　・どちらでもない　）

あなたの考え：＿＿＿＿＿＿＿＿＿＿＿＿＿＿＿＿＿＿＿＿＿＿＿＿＿＿＿＿＿＿＿

＿＿＿＿＿＿＿＿＿＿＿＿＿＿＿＿＿＿＿＿＿＿＿＿＿＿＿＿＿＿＿＿＿＿＿＿＿＿＿

以上で，英語を批判的に読むという話を終わります。これからも，
英語に限らず様々な文章を読む際に，以上の点を考えてみてください。
お疲れ様でした。

STEP 8

情報検索力と分析力を高める方略的リーディング

学習のフローチャート

> **タイトルから内容を推論**
> （タイトルについて何を知っているか？ 何が書かれているのか？）

> **スキャニング（Scanning）でキーワードの確認**
> 拾い読みしタイトルから推論したことを具体化

> **スキミング（Skimming）で各パラグラフの主題を**
> 読み取り，文全体の概要を捉える
> （パラグラフの初めの文と最後の文が重要）

> **文章展開の標識となるつなぎ語を利用し，**
> 形式スキーマを喚起しながらロジック展開を考える
> （点と点を結び全体像を見る）

> **フローチャートを使い展開をイメージ化する**
> （図式化し情報を整理）

> **語彙推論方略を利用してみる**
> （個々の情報に着目する）

> **理解をさらに深めるため批判的に読む**
> （質問をしながら理解できているかモニターする）

読解方略とは？

方略とはストラテジー（**strategy**）という

読解方略（**reading strategy**）とは
「何を読むか」ではなく
「どのように読むか」のこと

つまり，「方略的に読む」とは
→意図的にある特定の読み方をする
→自分の読み方をモニターしてコントロールすること
→メタ認知方略とも言われる

例）仕事で多くの英文を読んだり，研究のために多くの論文を読む場合，
　必要な情報のみを素早く読み取り，効率よく概要を読み取ったりする。

母語では普段，読解方略を利用しているが
外国語の場合，方略的に読む余裕が持てないので
方略の利用を忘れる

外国語を読む場合でも同じように
読解方略を応用できるということに
気づくことが重要

つまり，自分の読み方をモニターし
意識的に読解方略を使うことが重要です！

読解方略は，主に以下の表のものがあります。

素早く必要な情報を読み取る
スキャニング
機械でスキャンをかけるように「さーっ」と素早く必要な情報を探す。新聞のテレビ欄で見たい番組を探したり，パンフレットから必要な情報のみを検索するなど。
スキミング
どのあたりに主題となる文があるかを想定し，文章全体の概要を捉える。たとえば，パラグラフの初めや最後の文だけを読むことで概要を把握する。

既知知識を使い推論しながら読む
内容を推測して読む
タイトルから内容を推測したり，キーワードだけを拾いそこから内容を推測する。わからない単語は前後の文脈から意味を推測する。
論の展開をヒントに読む
理論の展開（原因と結果，比較，例証など）がどのようになっているか意識して読む。形式スキーマを活性化させる読みとも言われる。however や therefore などの「つなぎ語」もヒントになる。

別モードを補助に読む
イメージして読む
書かれた内容をイメージしてみると理解しやすくなる場合もある。フローチャートなど図式をイメージすることで文章の展開が把握しやすくなる。
声に出して読む
わかりにくい複雑な英文は，音読してみるとわかる場合がある。

分析力を使って深く読む
じっくり読む
あえて一語ずつ丁寧に読み，じっくりと表現の使われ方なども分析しながら読む。
批判的，評価的に読む
著者の主張や意見に対して批判的に分析し，評価する。
構造を分析して読む
複雑な英文の場合は構造を考えて読む。場合によっては，後ろから前へと返り読みしながら文の構造を分析して読む。

これらの読み方を必要に応じて使えば，

情報検索力，テキスト分析力も高まります！

Of Minefields

まず，以下の英文にざっと目を通し，だいたいの内容をつかんでみましょう。  22

    Reducing the world's stockpile of nuclear weapons is a vital step
toward making the world safer; <u>however</u>, other more conventional
weapons call for urgent disarmament as well. <u>Of these</u>, landmines* have
to be the cruelest. Landmines aim to disable any enemy soldier or vehicle
that comes into contact with them, and what makes mines so inhuman is   5
that their purpose is not just to take lives, but to aim and cause terrible
pain and suffering. <u>Although</u> banned by international law, landmines,
cheap and easy to make, are still widely used. More than 100 million
unexploded landmines still exist in over 70 countries.

    Removing unexploded landmines is an expensive, time-consuming,   10
and highly dangerous process. <u>The first and hardest step</u> is to detect the
mines, a task commonly done by dogs that have been trained to sniff out
the explosives in the mines. <u>But now</u>, a new "weapon" is being employed
in the anti-landmine battle—rats. Rats have an acute sense of smell and,
more crucially,* are too small and lightweight to trigger a mine, making   15
them much more effective than dogs. <u>What's more</u>, they work faster.
Fitted with a leash, a trained rat can cover an area the size of a soccer
field in just 30 minutes. The use of rats as explosives detectors has proven
so successful that they will soon be performing various other hazardous
jobs like sniffing out terrorist bombs in urban areas.   20

(235 words)

注：landmines: 地雷   cruelest: cruel の最上級（最も残酷な）   crucially: 決定的に，極めて

学習のポイント（ツボを押さえよう）

ツボその1

内容スキーマを喚起しより効率よく理解するため，読む前にタイトルから内容を推測します。タイトル "Of Minefields" からあなたが既に知っている情報があるかを考えてみましょう。

ツボその2

スキャニングで推論をより具体的な理解に導きます。ツボ1で引き出した情報について，本文を読むことで情報を精査しましょう。スキャニングしながら Minefields について気になる単語を拾い，本文のその単語に下線を引きましょう。さらにどのような内容が書かれているか推論してみましょう。主語にある気になる単語や数字などに注意を向けると効果的です。

ツボその3

概要を捉えるためにスキミングで文章のフレームを作ります。各パラグラフの1行目と最後の文を読んで概要を考えてみましょう。

(ll.1-3)　　Reducing the world's stockpile of nuclear weapons is a vital step toward making the world safer; however, other more conventional weapons call for urgent disarmament as well.

(ll.8-9)　　More than 100 million unexploded landmines still exist in over 70 countries.

① 上の文の内容を含めて日本語で簡単にまとめてみましょう。

_____

(ll.10-11)　Removing unexploded landmines is an expensive, time-consuming, and highly dangerous process.

(ll.18-20)　The use of rats as explosives detectors has proven so successful that they will soon be performing various other hazardous jobs like sniffing out terrorist bombs in urban areas.

② 上の文の内容を含めて日本語で簡単にまとめてみましょう。

_____

③ 各パラグラフのスキャニングの結果を総合して，以下に本文の内容を日本語で
簡単にまとめましょう。

_____

_____

_____

ツボその 4

展開を捉えるために形式スキーマを喚起し文章の流れをつかみます。接続詞やつなぎ語を拾って，情報の流れを考えましょう。本文の下線部を拾うと以下になります。

(l.2)	<u>however</u>	別の展開に変える（一方では，他方では）
(l.3)	<u>Of these</u>	強調する（その中でも〜だ）
(l.7)	<u>Although</u>	別の展開に変える（一方では，他方では）
(l.11)	<u>The first and hardest step</u>	解決策を提案する（初めのステップでまた最も難しいのは〜だ）
(l.13)	<u>But now</u>	逆説を述べる（現在は〜だ）
(l.16)	<u>What's more</u>	情報を付加する（さらに言うと）

上の展開とツボ 3 でまとめた内容を照らし合わせて全体のサマリーを考えてみましょう。つなぎ語をヒントにツボ 3 で得た内容に不足している情報を補って，再度，全体のサマリーを簡単に日本語で説明しましょう。

_____

_____

_____

_____

ツボその 5

サマリーをより具体的なイメージに変えます。図式化することでサマリーと文の展開をより Vivid に捉えます。以下に各パラグラフを図式化しています。本文を読んだあとに以下のフローを見ながら内容を日本語で説明してみましょう。次に本文を読みながら，情報を図式化することを意識して（心の中でフローをイメージして）読んでみましょう。

【第 1 パラグラフ】

urgent disarmament → landmines → inhuman 1) take lives 2) cause
terrible pain and suffering → banned by international law → widely used
(100 million landmines over 70 countries)

_____

_____

【第2パラグラフ】

To detect the mines → dogs → anti-landmine battle → rats → acute sense of smell, too small and lightweight to trigger a mine and work faster → so successful

---

ツボその6

語彙の意味を推論し詳細を捉えます。知らない単語に遭遇しても様々な方法（前後の文脈，文章全体，語彙のパーツなど）を使い推測しましょう。以下がその例です。例を読んだあとにその下の3つの単語の語彙を推論してみましょう。

(l.1) Reducing the world's stockpile of nuclear weapons is a vital step ...

＊ 単語自体から推論「pile は積むという意味なので貯蔵するだろうか？」
＊ 品詞から推論「vital は形容詞で step の前なので重要な〜の意味ではないか？」

(ll.12-13) ... dogs that have been trained to sniff out the explosives in the mines ...
(l.14) Rats have an acute sense of smell ...

＊ 既知知識を使い推論「犬なので臭いを嗅ぐことだろう。」「ラットが持っているものなのですると感覚のことだろう。」

【 disarmament, time-consuming, hazardous 】

ツボその7

Why and how の質問を問いかけながら読むことで，自分が理解できていない部分をモニターしてみます（メタ認知方略）。また批判的な立場で疑問を問いかけながら，自分の意見を述べるといった対話的な読みにより理解を深めます。各パラグラフについて内容確認や疑問点も含めて Why か How の質問を作り，その質問に対する答えが本文中にない場合は自分の考えを述べましょう。

【第1パラグラフ】

【第2パラグラフ】

Love X-Rayed

まず，以下の英文にざっと目を通し，だいたいの内容をつかんでみましょう。 (23)

Everyone's looking for romance these days. But what exactly is love? We all have the urge to find a mate*, but why? That's the mystery anthropologists* at Rutgers University* in New Jersey are trying to understand. They used MRI* machines to scan the brains of 18 college students who claimed to have just fallen in love. These "brain x-rays" were taken while the students gazed at photos of their lovers.

The researchers found that when a person sees someone he or she likes, the brain releases a chemical called "dopamine." This is the same chemical that makes marathon runners feel "high"—a feeling known as euphoria*. Dopamine boosts* our energy level and allows us to concentrate better. We also sleep and eat less. But dopamine also clouds our judgment. It makes us see our "love object*" in an ideal light. He or she appears smarter, kinder and better looking than, perhaps, he or she really is. So the mystery of love turns out to be not so mysterious after all*. It's just another addiction, say the scientists.

But what attracts us to a particular person in the first place? Do opposites really attract? No, they don't, says a study published in the journal, *The Proceedings of the National Academy of Sciences*. People who think of themselves as handsome or beautiful look for a handsome or beautiful partner. The rich go after people in their own socio-economic bracket. Kind, loyal people want kind, loyal partners. So whom we choose, it seems, is a matter of who we think we are. In other words, our self-image chooses our partner for us.

(269 words)

注：mate: 連れ合い　　anthropologist: 人類学者　　Rutgers University: ラトガース大学（米国ニュージャージー州にある州立総合大学）　　MRI (Magnetic Resonance Imaging): 核磁気共鳴画像　　euphoria: 多幸感　　boost: 引き上げる　　object: 対象　　after all: 結局　　*The Proceedings of the National Academy of Sciences*: 米国科学アカデミー論文集

学習のポイント（ツボを押さえよう）

ツボその 1

内容スキーマを喚起しより効率よく理解するため，読む前にタイトルから内容を推測します。

① X-Ray（X線，レントゲン写真）について何か知っていますか。いつ，何のために使われますか。
② X-Rayed の語尾 ed が何の意味を表すかわかりますか。
③「レントゲン写真」により，どうやって人々の中にある感情（Love）を「見る」ことができると思いますか。

ツボその 2

スキャニングで推論をより具体的な理解に導きます。ツボ 1 で引き出した情報について，本文を読むことで情報を精査しましょう。気になる単語を拾い，本文のその単語に下線を引きましょう。さらにどのような内容が書かれているか推論してみましょう。

ツボその 3

概要を捉えるためにスキミングで文章のフレームを作ります。各パラグラフの 1 行目と最後の文を読んで概要を考えてみましょう。

(ll.1-2)　　Everyone's looking for romance these days. But what exactly is love? We all have the urge to find a mate, but why?

(ll.5-6)　　These "brain x-rays" were taken while the students gazed at photos of their lovers.

① 上の文の内容を含めて日本語で簡単にまとめてみましょう。

_____

(ll.7-8)　　The researchers found that when a person sees someone he or she likes, the brain releases a chemical called "dopamine."

(ll.13-15)　So the mystery of love turns out to be not so mysterious after all. It's just another addiction, say the scientists.

② 上の文の内容を含めて日本語で簡単にまとめてみましょう。

_____

(l.16)　　　But what attracts us to a particular person in the first place?

(ll.22-23)　In other words, our self-image chooses our partner for us.

③ 上の文の内容を含めて日本語で簡単にまとめてみましょう。

_____

④ 各パラグラフのスキャニングの結果を総合して，以下に本文の内容を日本語で
簡単にまとめましょう。

_____

_____

_____

ツボその4

展開を捉えるために形式スキーマを喚起し文章の流れをつかみます。展開のポイン
トとなる箇所は以下になります。この疑問文→回答説明文の流れを考えてみましょ
う。

(ll.1-2)　　But what exactly is love? We all have the urge to find a mate, but
why?

(ll.16-17)　But what attracts us to a particular person in the first place? Do
opposites really attract?

上の展開のヒントとツボ3でまとめた内容を照らし合わせて全体のサマリーを考
えてみましょう。再度，全体のサマリーを簡単に日本語で書きましょう。

_____

_____

_____

_____

_____

_____

_____

_____

ツボその5

声に出して読むことで文の意味をより正確に捉えます。この文では人がどのような相手を探すかを3つの文で表現しています。実際に発音してください。そのうえで，感じたことを日本語で簡単にメモしてください。

(ll.18-21) People who think of themselves as handsome or beautiful look for a handsome or beautiful partner. The rich go after people in their own socio-economic bracket. Kind, loyal people want kind, loyal partners.

_____

_____

_____

ツボその6

じっくり読んで文の構造を分析することで詳細を捉えます。文の構造を分析しつつ，波下線を日本語にしてください。

(ll.21-23) <u>So whom we choose, it seems, is a matter of who we think we are.</u> In other words, our self-image chooses our partner for us.

_____

ツボその7

メタ認知的に自分の読みを振り返ります。1回目に読んだときに自分が理解していなかった箇所はどのような点でしたか。問いかけることでより深く読めていますか。問いかけて答えが出ない箇所はありますか。理解が不足している理由は何ですか。以下に記入しましょう。

_____

STEP 9

発表（スピーキング）能力アップのためのリーディング

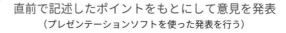
学習のフローチャート

フォーミュラのコピー（書き写し）
（フォーミュラ［イディオム，コロケーション，基盤表現］が
具体的にどのようなものか気づく）

英文の空欄にフォーミュラを補いつつ
音読とリードアンドルックアップ
（斜線までの英語を一時的に覚えて，他者に向かって発声する）

フォーミュラを使った発話・ライティング
（書き出しに続けて口頭作文した後，それを筆記する）

テキスト内容のリテリング
（口頭または筆記でテキスト内容を再現する）

プレゼン（スピーチ）のポイントの記述
（テキスト中のポイントを書き出しに続けて記述する）

直前で記述したポイントをもとにして意見を発表
（プレゼンテーションソフトを使った発表を行う）

**発表 (スピーキング) 能力を伸ばすのに,
リーディング (読み) は役立つのでしょうか?**
はい,
フォーミュラに着目するというスピーキングを意識したリーディングをする
ことです。

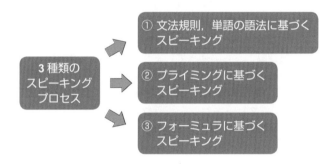

以上①〜③は, それぞれ次のようなことをしています。

①は, たとえば,「今夜何時に店を閉めますか」という意味を,
次の和英対照語句を使って発話するようなものです。

今夜 =tonight, 何 =what, 時 =time, に =at, 店を= the store,
閉めます =close, か= ? (文末のイントネーションを高くすることが多い)

これらの語句を, 文法規則や語法の知識に従って
並べ替え (tonight は文頭・文末のいずれも可能), また活用変化させて,
Tonight at what time will you close the store?
などの文を発話します。
これは, これまで聞いたことのない「初めて」の文でも意味が理解でき,
話したことのない「新しい」文でも発話できるプロセスです。

②は事前に聞いたり読んだりした構文を再利用して
スピーキングを行う方法です。
「プライミング（priming）」と言われるプロセスです。
たとえば、「昨日私は私の母にプレゼントをあげました」
という意味を次の語句を使って英文を作成するとします。

昨日 =yesterday，私は =I，私の =my，母に =mother，
プレゼントを =a present，あげました =gave

直前に The driver showed the mechanic the car. を見聞きした後は，
Yesterday I gave my mother a present. と同じ構文を使うことが多いのに対し，
The driver showed the car to the mechanic. を見聞きした後では，
Yesterday I gave a present to my mother. という構文を
無意識のうちに使ってしまうことが多いのです。

③は，高頻度の単語の連なりであるフォーミュラなどをもとにして
スピーキングを行うプロセスです。
たとえば、「彼はそのチャンピオン相手に勝るとも劣らない健闘をした」
という内容を英文で表現するとします。

彼 =he，その =the，チャンピオン =champion，
勝るとも劣らない健闘をする =give someone a run for one's money

これらの中で，give someone a run for one's money はフォーミュラで，
これを覚えていると，He gave the champion a run for his money.
という文が簡単に作れるのです。
皆さんの多くが利用されている①のプロセスには，次のような問題があります。
❶綿密・丁寧ですが，とても時間とエネルギーが必要になります。
❷英文法は，すべての正しい文を生み出す必要十分な情報ではありません。
たとえば，冠詞の使用について，一般に，
特定の名詞には the を，不特定名詞には a(n) をつけると説明されます。
I bought a car last week. The car is good. I like the car.
しかし，I can get there by bicycle. では bicycle は慣用的に無冠詞ですが，
You can't get there without a bicycle. のように「自転車なしでは行けない」
という意味の文では，不定冠詞がつきます。

英語のネイティブは①のような方法はとらず，
実は，数多くのフォーミュラを頭の中に持っていて，
それを使ってスピーキングをしています。
これが流暢なスピーキングを可能にしてくれるのです。

フォーミュラには主に次のような種類があります。

フォーミュラの種類
複合語
freeze-dry, Prime Minister, long-haired など
句動詞
go, come, take, put などの動詞と up, out, off, in, down などの副詞からなるもの
イディオム
kick the bucket, rain cats and dogs, spill the beans など
固定フレーズ
of course, at least, in fact, by far, good morning, how do you do など上の３つに入らないもの。dry as a bone のような直喩や It never rains but it pours. のようなことわざも含む
プレハブ表現
the thing/fact/point is, that reminds me, I'm a great believer in ... のような決まり文句

フォーミュラを活用することで，
スムーズで流暢なスピーキングが実現します。

What are the Conditions for Good Meetings?

まず，以下の英文にざっと目を通し，だいたいの内容をつかんでみましょう。 (24)

Many people neither enjoy meetings nor think they are even useful. Complaints <u>can often be heard</u> about their frequency, length, or ineffectiveness. Here is some advice for better meetings from experts:

(A) First, avoid the "three evils": "Meet <u>but don't</u> discuss," "Discuss <u>but don't</u> decide," and "Decide but don't do." Meetings should have very clear purposes and results that can be acted on. To <u>make the most of</u> meeting time, <u>try to follow</u> these rules: 5

   1) Be on time.

   2) Have clear objectives: Everyone should know the agenda and <u>understand beforehand</u> the meeting's purpose.   10

   3) Be prepared: Review the agenda and organize your thoughts.

   4) Be engaged and participate: Focus on the content of the meeting and share your thoughts.

   5) Communicate visually: Use images to get your point across quickly.

   6) Solve problems: Use the meeting to find definite solutions, or the steps needed to be taken to find one.   15

   7) End <u>on time</u>.

(B) Some say <u>the key is to</u> make meetings short and focused. Matthew E. May at Toyota advises:

   1) Meetings <u>don't necessarily need to</u> be regularly scheduled, nor need   20
to be scheduled <u>for a set amount of time</u>.

   2) No discussion needs to occur during the meeting, which can just focus on making a key decision.

   3) The meeting should be <u>just a formality to</u> finalize the decision, with discussion being done informally <u>prior to</u> it.   25

  <u>In conclusion</u>, he recommends: (1) <u>Try to</u> keep meetings under 12 minutes; (2) Only have meetings around a single purpose; and (3) Make social contact to get consensus beforehand.

(258 words)

学習のポイント（ツボを押さえよう）

ツボその1

本文を読んで内容理解をしてください。フォーミュラには下線が引かれています。これらを下に書き写してみましょう。

_____ _____ _____ _____

_____ _____ _____ _____

_____ _____ _____ _____

_____

ツボその2

ツボ1で書き写したフォーミュラが空欄になった次の英文を，空欄の英語を補いつつ，声に出して音読しましょう。その後，斜線（ / ）までの部分を一時的に記憶して，顔をあげて聞き手に向かって発話するリードアンドルックアップを行いましょう。

Many people neither enjoy meetings / nor think they are even useful. / Complaints [1.]_____ / about their frequency, length, or ineffectiveness. / Here is some advice for better meetings from experts: /

(A) First, avoid the "three evils": / "Meet [2.]_____ discuss," / "Discuss [2.]_____ decide," / and "Decide [2.]_____ do." / Meetings should have very clear purposes and results / that can be acted on. / To [3.]_____ meeting time, / [4.]_____ these rules: /
 1) Be on time. /
 2) Have clear objectives: / Everyone should know the agenda / and [5.]_____ the meeting's purpose. /
 3) Be prepared: / Review the agenda / and organize your thoughts. /
 4) Be engaged and participate: / Focus on the content of the meeting and share your thoughts. /
 5) Communicate visually: / Use images to get your point across quickly. /
 6) Solve problems: / Use the meeting to find definite solutions, / or the steps needed to be taken to find one. /
 7) End [6.]_____ . /

(B) Some say [7.]_____ make meetings short and focused. / Matthew E. May at Toyota advises: /
 1) Meetings [8.]_____ be regularly scheduled, / nor need to be scheduled [9.]_____ . /
 2) No discussion needs to occur during the meeting, / which can just focus on making a key decision. /

3) The meeting should be ^{10.}_____ finalize the decision, / with discussion being done informally ^{11.}_____ it. / ^{12.}_____, / he recommends: / (1) ^{13.}_____ keep meetings under 12 minutes; / (2) Only have meetings around a single purpose; / and (3) Make social contact / to get consensus beforehand.

ツボその3

ツボ1で抜き出したフォーミュラを使って，出だしに続けて，自由に文を口頭で言ってみましょう。その後，口頭で言った文を書いてみましょう。最初から書かず，口頭で言ってから書くようにしましょう。

① **can often be heard**
   And of course your name _____.

② **but don't**
   I am supposed to act a part in *Hamlet* _____.

③ **make the most of**
   Whatever your future plan is, you must _____.

④ **try to follow**
   When I was a graduate student, I _____.

⑤ **understand beforehand**
   In the next class, you are required to _____.

⑥ **on time**
   She is really punctual; she _____.

⑦ **the key is to**
   So far I have discussed many things to keep our good health, but remember _____.

⑧ **don't necessarily need to**
   It is important to ask a question in a class, but you _____.

⑨ **for a set amount of time**
   You'd better study at home _____.

⑩ **just a formality to**
   We demanded an explanation from the person in charge, but his answer was _____.

⑪ **prior to**
   Most of the contents of the book were well known to us _____.

⑫ **In conclusion,**
   This is the end of my lecture today. _____.

⑬ **Try to**
   I witnessed a car accident in this street yesterday. So I will _____.

ツボその4

文章の内容を，自らの英語で以下の空欄を埋めながら，再話 (retelling) してみましょう。口頭でも筆記でも結構です。

People often do not ¹·_____. Experts on meeting usually suggest as follows:

A) The three evils of meetings are ²·_____. So you have to bear in mind ³·_____, being prepared, being engaged, communicating visually, and working to solve problems.

B) You have to consider having more short and focused meetings. For instance, Matthew E. May advises us that 1) meetings ⁴·_____, that 2) ⁵·_____ discussion, and that 3) you should have ⁶·_____ before the meeting.

ツボその5

ツボ4の (A) と (B) の間には，次の3つの矛盾 (discrepancies) を含んでいます。書き出しに続ける形で，それらが何か英語で記述しましょう。

Discrepancy 1:
In (A), it is stated that "Meet but don't discuss" is ¹·_____, while in (B), it is advised that "²·_____."

Discrepancy 2:
Although in (A), meetings are encouraged to be ³·_____, in (B), it is claimed they don't need to be ⁴·_____.

Discrepancy 3:
In (A), it is recommended that meetings should have very clear objectives. On the other hand, it is suggested in (B) that meetings should be just mere ⁵·_____.

ツボその6

ツボ5で確認した矛盾を念頭に置きつつ，あなた自身の日本における meetings に対する意見をまとめて，150 words 以上のスピーチ原稿を作成してプレゼンし，その後スマートフォンなどに録音しましょう。

まず，以下の英文にざっと目を通し，だいたいの内容をつかんでみましょう。

 Not surprisingly, just as society has undergone dramatic changes over the past decades, the world of work isn't what it used to be either. Perhaps the most important trend is that the declining economy means that more employers are using freelance, part-time, and "temp" workers to avoid the costs associated with hiring permanent staff. This is forcing job-hunters 5 to think more creatively about how to look for work and how to earn money. Hence, the increased use of "personal branding" in the job-search process, with more and more people marketing themselves by making a detailed, attractive portfolio—a brand called "ME"—and posting it on Facebook, Twitter, and other social-networking sites. 10

 At the same time, more and more employers are taking advantage of job applicants' Facebook profiles to decide whether they are "job-worthy" and what their future job performance will be. And, according to a Northeastern Illinois University study, it works. The researchers examined the Facebook profiles, including pictures and comments, of 56 15 students with part-time jobs. They found that there is a strong correlation between a person's job performance and certain character traits, including conscientiousness, friendliness, and intellectual curiosity. Those working students who had the most Facebook "friends," who had traveled a lot, and had a wide range of interests, received the highest job-success ratings. 20

(216 words)

注：isn't what it used to be: 昔とは違う temp worker (temporary worker): 臨時雇い労働者
（反対語：permanent worker） take advantage of: ～を利用する -worthy: ～に値する
work: 効果がある correlation: 相関関係 trait: 特徴 conscientiousness: 誠実さ・真
面目さ

学習のポイント（ツボを押さえよう）

ツボその1

本文を読んで内容理解をしてください。フォーミュラには下線が引かれています。
これらを下に書き写してみましょう。

_____ _____ _____ _____

_____ _____ _____ _____

_____ _____ _____ _____

ツボその2

ツボ1で書き写したフォーミュラが空欄になった次の英文を，空欄の英語を補いつ
つ，声に出して音読しましょう。その後，斜線 (/) までの部分を一時的に記憶して，
顔をあげて聞き手に向かって発話するリードアンドルックアップを行いましょう。

1._____, / 2._____ society has undergone dramatic
changes 3._____ decades, / the world of work 4._____ either. /
Perhaps the most important trend is that / the declining economy
5._____ more employers are using freelance, part-time, and "temp"
workers / to avoid the costs 6._____ hiring permanent staff. / This
is forcing job-hunters to think more creatively / about how to look for work
and how to earn money. / 7._____ "personal branding" in the job-
search process, / 8._____ people marketing themselves by making
a detailed, attractive portfolio / —a brand called "ME" / —and posting it on
Facebook, Twitter, and other social-networking sites. /
　　9._____ more and more employers / are taking advantage
of job applicants' Facebook profiles / to 10._____ they are "job-
worthy" and what their future job performance will be. / And, according to a
Northeastern Illinois University study, / 11._____. / The researchers
examined the Facebook profiles, including pictures and comments, / of 56
students with part-time jobs. / They found that 12._____ a person's
job performance / and certain character traits, including conscientiousness,
friendliness, and intellectual curiosity. / Those working students who had
the most Facebook "friends," / who had traveled a lot, / and had a wide
range of interests, / received the highest job-success ratings.

ツボその3

ツボ1で抜き出したフォーミュラを使って，出だしに続けて，自由に文を口頭で言っ
てみましょう。その後，口頭で言った文を書いてみましょう。最初から書かず，口
頭で言ってから書くようにしましょう。

① **Not surprisingly,**
_____ people started to spend less money when _____.

② **just as**
_____ last year, our team _____.

③ **over the past**
The cabinet held meetings about the matter six times _____.

④ **isn't what it used to be**
The singer _____. It seems that he _____.

⑤ **means that**
The coming typhoon _____.

⑥ **associated with**
The benefits _____ regular exercise include _____.

⑦ **Hence, the increased use of**
There is greater awareness today of skin damage, including skin cancer,
caused by UV rays. _____.

⑧ **with more and more**
_____ these days, fewer people need to visit ATMs in
order to withdraw money.

⑨ **At the same time,**
Computers have made our lives much more convenient. _____.

⑩ **decide whether**
They need to _____ or create a new plan.

⑪ **it works**
People have long believed that keeping active both physically and mentally
helps us live longer. And according to _____.
Studies have shown that active people live longer and happier lives.

⑫ **there is a strong correlation between ... and ...**
_____ excessive television viewing _____.

ツボその4

文章の内容を，自らの英語で以下の空欄を埋めながら，再話 (retelling) してみましょう。口頭でも筆記でも結構です。

With the declining economy and increasing use of [1.]_____ workers, [2.]_____ have been forced to be more creative in how they find work. Many have been [3.]_____ for [4.]_____ to help them in their job-search process. By posting [5.]_____, they can [6.]_____ in attractive ways and improve their job chances. At the same time, more employers are using [7.]_____ to help them decide [8.]_____ choice for a job and whether they will [9.]_____. And it appears to work. Researchers found [10.]_____ like conscientiousness, friendliness, and intellectual curiosity that could be seen in their Facebook profiles. Those people who had the most Facebook "friends," had traveled a lot, and had a wide range of interests, [11.]_____.

ツボその5

ツボ4の英文に基づき，就職・採用のための SNS 使用は，利点と問題点が色々あると考えられます。次の benefits/positive effects と drawbacks/negative effects を参考しながら，job-hunters また employers ができること，してしまう恐れがあることを考えて英文を作りましょう。

Benefits/positive effects

【 convenience   effectiveness   lower cost ... etc. 】

Using SNSs is [1.]_____ because [2.]_____ can [3.]_____.
Also, it is [4.]_____ because [5.]_____ can [6.]_____. In addition, it is [7.]_____ because [8.]_____ can [9.]_____.

Drawbacks/negative effects

【 privacy   fairness   reliability ... etc. 】

Using SNSs can be a problem because [10.]_____ may [11.]_____.
Also, it can be a problem because [12.]_____ may [13.]_____. In addition, it can be a problem because [14.]_____ may [15.]_____.

ツボその6

ツボ5で確認した利点と問題点を指摘しつつ，あなた自身の就職・採用などのための SNS 使用に対する意見をまとめて，プレゼン (スピーチ) をしましょう。まず原稿の作成から必ず自分の意見がどちらの事例を支持するか，あるいは事例 (A)(B) とは異なる考えを持っているかなど，自分の考え方を作ったうえでプレゼンをし，その後スマートフォンなどに録音しましょう。

STEP 〔10〕

流暢性アップのためのリーディング

学習のフローチャート

英文のなぞり読み
（現在見ている箇所をなぞりながら，戻らずに左から右に読んでいく）

▼

読みの知覚範囲の拡大
（英文の●だけをなぞり，●のみに視線をおいてほかは見ないで読んでいく）

▼

英文の速読
（時間を計測しながら，また3分間でどこまで到達できたかチェックする）

▼

英文速読後，内容理解問題に回答
（理解した英文の内容と合致するものを3つ選択）

▼

もう一度英文速読，その後理解問題の解答の確認
（選んだ3つの回答が正しいかどうかチェック）

▼

キーワードの意味確認
（3つのキーワードについて，空欄に日本語で適語を埋める）

流暢性を高めるリーディングトレーニングでは，
読んでいるときの眼の動きに着目し，戻り読みを防ぎ，
可能な限り**速く，前に読み進める**速読をもとにした学習法が効果的です。
つまり，次の2点にフォーカスします。

①眼球の**知覚範囲**を拡げる
②読みの**速度**をあげる

英語の単語や文法を「知っている」ことと，
それらが「使える」ことは別物です。
正確な知識を持つことを「正確さ」，
使えるようになることを「流暢性」
と呼んでいます。

この**流暢性**の中心になるのが，
英語の理解が苦もなくできる「自動性」です。
そして，この自動性では，理解のスピードと安定性
という2つがポイントになります。

英文理解のスピード
たとえば英文を見聞きしたとき,
文中の単語の発音, 意味, 使い方などが**素早く理解できる**こと。

英文理解の安定性
文中の各単語の理解スピードに大きな違いがなく,
安定して処理できること。

私たちの記憶(知識)は, 一般に
「顕在記憶」と「潜在記憶」
の2つに分けられます。

記憶(知識)

顕在記憶＝意味記憶＋エピソード記憶

潜在記憶＝知覚表象＋手続き記憶

顕在記憶
ふだん**「記憶している」と自覚している**もの。
様々な「事実」を表す「意味記憶」
(例:「丼」とはご飯の上に具をのせたもの)や,
過去に「体験」「経験」したことを覚えている
「エピソード記憶」に区分できる。

潜在記憶
意識しないうちにいつの間にか活用できるもの。
音楽や文字, 絵などの何度か繰り返し見聞きしているうちに,
いつの間にか印象に残っている「知覚表象」や,
ピアノを弾く, ダンスを踊る, 車を運転する
などの技能を行なうときに活用する「手続き記憶」に区分できる。

英語が流暢に読めたり，話せたりするには，
英語の単語や文法などの記憶（知識）を
「顕在記憶」から「潜在記憶」
に変えていくトレーニングが必須です。

本ステップでは，英語力の流暢さを，
速読トレーニングをもとに伸ばしていきます。

How do American College Students Live?

まず，以下の英文にざっと目を通し，だいたいの内容をつかんでみましょう。

　Until recently, most American college students wouldn't have dreamed
of getting food from a food bank. Food banks are for the poor and
homeless, they believed, for people on welfare. But the current economic
crisis is forcing many students to alter this attitude. Food banks and
kitchens near college campuses report that more and more students are　　5
lining up for free handouts. They get little or no financial support from
their parents. With tuition fees and food prices rising steadily, they are on
a very tight budget.

　Other students are swallowing their pride and turning to food stamps,
a program administered by the Department of Agriculture*. The stamps　　10
can be used at supermarkets to buy essential grocery items. In the past,
it was felt that if a person was in college, he or she could afford to eat. But
that no longer seems to be the case.

　The economic downturn is affecting students in another area:
Government grants. For the past decade, students with high SAT　　15
(Scholastic Assessment Test*) scores and high grade-point averages in
high school could receive government money despite coming from well-
to-do families. Colleges favored this because it boosted their academic
reputations. But some people criticized the system: It is unfair and
limits opportunities for others in higher education, they said. But a　　20
new law passed by Congress* aims to make sure any student can get
through college. They will receive grants even though they may not be as
academically qualified. And the rich will have to pay their own way.

(254 words)

注：Department of Agriculture: 農務省　　SAT (Scholastic Assessment Test): 大学進学適性試験
　　Congress: 連邦議会（時に下院）

学習のポイント（ツボを押さえよう）

ツボその1

人差し指などを使って，読んでいるところをなぞりながら読む「なぞり読み」を してみましょう。ポイントは，決して戻らず，必ず前に（左から右に）読み進める ことです。

ツボその2

次の英文●の箇所に人差し指などで指を置きながら，それらの箇所のみに意識的に 眼球を停留させ読んでみましょう。

Until recently, most American college students wouldn't have dreamed of getting food from a food bank. Food banks are for the poor and homeless, they believed, for people on welfare. But the current economic crisis is forcing many students to alter this attitude. Food banks and kitchens near college campuses report that more and more students are lining up for free handouts. They get little or no financial support from their parents. With tuition fees and food prices rising steadily, they are on a very tight budget.

Other students are swallowing their pride and turning to food stamps, a program administered by the Department of Agriculture. The stamps can be used at supermarkets to buy essential grocery items. In the past, it was felt that if a person was in college, he or she could afford to eat. But that no longer seems to be the case.

The economic downturn is affecting students in another area: Government grants. For the past decade, students with high SAT (Scholastic Assessment Test) scores and high grade-point averages in high school could receive government money despite coming from well-to-do families. Colleges favored this because it boosted their academic reputations. But some people criticized the system: It is unfair and limits opportunities for others in higher education, they said. But a new law passed by Congress aims to make sure any student can get through college. They will receive grants even though they may not be as academically qualified. And the rich will have to pay their own way.

ツボその3

時間を計測しながらできるだけ速く読んで内容を理解します。秒針のついた時計，ストップウォッチ，スマートフォンなどを利用してください。

ツボその4

3分間で読めるところまで読んで，その3分で読めた箇所にスラッシュ (/) を入れてください。3分で最後まで達した人は，すぐさま最初から再度読み進め，読めた箇所にスラッシュ (/) を入れてください。これを3回繰り返します。どれだけ速く読めるようになったかチェックしましょう。

ツボその5

時間を計測しながら最後までできるだけ速く読んで，かかった時間を次の記入欄に書き込みます。

（　　）分（　　）秒

その後，次の英文を読んで，本文の内容と合致するものを3つ選びましょう。

a. Getting food from a food bank has always been popular among American students.
b. The economic crisis is one of the reasons many students are attempting to receive food from food banks.

c. According to food banks and kitchens near college campuses, more and more students are using food banks because they are getting little or no financial support from their parents.

d. Food stamps can be used to get any essential food items produced by the Department of Agriculture.

e. Formerly, if a person was in college, he or she would try to use food stamps.

f. In the past, it was thought that students who used food stamps to buy essential grocery items were cheaters.

g. Students with high SAT scores were limited to those who came from poor families, not from wealthy families.

h. Some people insisted the system in which the students who came from wealthy families could also get the government grants was not fair.

i. The new law passed by Congress assumes that students who are not academically qualified cannot get grants at all.

ツボその6

再度本文をツボ5と同様に時間を計りながら読んで，かかった時間を次の記入欄に書き込みます。

（　　　）分（　　　）秒

同時にツボ5で選んだ3つの回答が正しかったかどうかチェックしましょう。

ツボその7

本文中の3つのキーワードについて，空欄に適切な語（句）を考えて埋めてください。

food bank ： 包装の傷みなどで，品質に問題がないにもかかわらず市場で流通できなくなった 1.＿＿＿＿＿＿＿を，企業から寄附を受け生活困窮者などに 2.＿＿＿＿＿＿＿する活動

food stamp ： 政府が生活保護者などに発行する，3.＿＿＿＿＿＿＿を手に入れるための割引券・配給券

government grant：政府機関から支給される 4.＿＿＿＿＿＿＿

It's All Up to You

まず，以下の英文にざっと目を通し，だいたいの内容をつかんでみましょう。 (27)

I need a new cellphone. Mine is only a couple of years old, and it's already out of date*. But I simply cannot decide what kind to get. I've gone into half a dozen* shops. The clerks show me every make and model in the store. They patiently explain all the different features and functions of each model. Before long, I can feel a migraine* coming on. So far, I've given up and run out of each shop—bewildered* and still phone-less. 5

Even buying a cup of coffee at Starbucks these days requires a big decision. The selection is just too much.

Are all these choices and all these decisions driving us crazy*? Yes, says the popular magazine *Psychology Today*. And, in his new book, *The Paradox of Choice*, psychologist Barry Schwartz agrees. He says the huge selection that confronts us everywhere we go is making us deeply unhappy. All those alternatives are causing us to waste* time fretting* over small purchases. Then, once we do decide, we kick ourselves* for the choice we have made. We worry that we could have found something nicer. To make matters worse*, when we show our friends our new Brand X TV, say, they always ask: "Why didn't you get Brand Y? It's cheaper and better!" 10 15

Dr. Schwartz believes those who ponder every possibility are the unhappiest of all—like me and my cellphone. Choice is turning us into a society of "stressed-out, dissatisfied consumers," he says. 20

(244 words)

注：out of date: 時代遅れの　　dozen: ダース（12 個）　　migraine: 偏頭痛
bewildered: うろたえた　　drive ... crazy: 〜の頭をおかしくさせる　　waste: 無駄にする
fret: 気をもむ　　kick ... self: （何かをやったことを）後悔する
make matters worse: さらに困ったことに

学習のポイント（ツボを押さえよう）

ツボその1

人差し指などを使って，読んでいるところをなぞりながら読む「なぞり読み」をしてみましょう。ポイントは，決して戻らず，必ず前に（左から右に）読み進めることです。

ツボその2

次の英文●の箇所に人差し指などで指を置きながら，それらの箇所のみに意識的に眼球を停留させ読んでみましょう。

　　I need a new cellphone. Mine is only a couple of years old, and it's already out of date. But I simply cannot decide what kind to get. I've gone into half a dozen shops. The clerks show me every make and model in the store. They patiently explain all the different features and functions of each model. Before long, I can feel a migraine coming on. So far, I've given up and run out of each shop—bewildered and still phone-less.

　　Even buying a cup of coffee at Starbucks these days requires a big decision. The selection is just too much.

　　Are all these choices and all these decisions driving us crazy? Yes, says the popular magazine *Psychology Today*. And, in his new book, *The Paradox of Choice*, psychologist Barry Schwartz agrees. He says the huge selection that confronts us everywhere we go is making us deeply unhappy. All those alternatives are causing us to waste time fretting over small purchases. Then, once we do decide, we kick ourselves for the choice we have made. We worry that we could have found something nicer. To make matters worse, when we show our friends our new Brand X TV, say, they always ask: "Why didn't you get Brand Y? It's cheaper and better!"

Dr. Schwartz believes those who ponder every possibility are the unhappiest of all—like me and my cellphone. Choice is turning us into a society of "stressed-out, dissatisfied consumers," he says.

ツボその3

時間を計測しながらできるだけ速く読んで内容を理解します。秒針のついた時計，ストップウォッチ，スマートフォンなどを利用してください。

ツボその4

3分間で読めるところまで読んで，その3分で読めた箇所にスラッシュ (/) を入れてください。3分で最後まで達した人は，すぐさま最初から再度読み進め，読めた箇所にスラッシュ (/) を入れてください。これを3回繰り返します。どれだけ速く読めるようになったかチェックしましょう。

ツボその5

時間を計測しながら最後までできるだけ速く読んで，かかった時間を次の記入欄に書き込みます。

（　　　）分（　　　）秒

その後，次の英文を読んで，本文の内容と合致するものを3つ選びましょう。

a. The author bought a new cell phone.
b. Phone store clerks are helpful in explaining about the makes and models of phones.
c. Deciding which cell phone to buy is a simple decision.
d. Starbucks prices are too high.
e. Some psychologists believe we have too many choices today.
f. Having many choices makes us happy.
g. Many people waste time over small purchases.
h. People should buy what their friends buy.
i. People who quickly make decisions are unhappy and dissatisfied.

ツボその6

再度本文をツボ5と同様に時間を計りながら読んで，かかった時間を次の記入欄に書き込みます。

（　　）分（　　）秒

同時にツボ5で選んだ3つの回答が正しかったかどうかチェックしましょう。

ツボその7

本文中の3つのキーワードについて，空欄に適切な語（句）を考えて埋めてください。

psychology：（学問としての） 1.＿＿＿＿＿＿＿学

alternative：（2つ以上のうちで）どれか［どちらか］1つを 2.＿＿＿＿＿＿べき
　　　　　　　　 3.＿＿＿＿＿＿

ponder：　 4.＿＿＿＿＿＿などについて熟考する；～かと
　　　　　　 5.＿＿＿＿＿＿をめぐらせる

以上，『英語はリーディングだ！』の最後までよく頑張りましたね。ぜひ STEP 1 ～ 10 で学んだことを今後も英語リーディングの際に生かして，英語の総合力のアップにつなげていってください！

著者プロフィール

門田修平（かどた・しゅうへい）

関西学院大学・大学院教授。専門は心理言語学, 応用言語学。主な著書に,『SLA研究入門』（くろしお出版）,『シャドーイング・音読と英語習得の科学』,『英語上達 12 のポイント』,（コスモピア）,『外国語を話せるようになるしくみ』（SB サイエンス新書）, *Shadowing as a Practice in Second Language Acquisition*（Routledge）などがある。

長谷尚弥（はせ・なおや）

関西学院大学・大学院教授。専門分野は日本語母語英語学習者に対するリーディング指導, 批判的応用言語学に基づいた英語教材分析など。共著に『英語リーディング指導ハンドブック』（大修館書店）,『英単語運用力判定ソフトを使った語彙指導』（大修館書店）, 大学英語教科書『Developing English Fluency through Shadowing』（南雲堂）などがある。

氏木道人（しき・おさと）

関西学院大学・大学院教授。専門分野は英語教育。主にリーディング指導, 語彙指導, シャドーイングや音読の効果について関心がある。共著に『英語語彙指導ハンドブック』（大修館書店）,『英語リーディング指導ハンドブック』（大修館書店）などがある。

Sean A. White（ホワイト・ショーン・A.）

龍谷大学准教授。英語教育が専門。リーディング指導, 異文化コミュニケーション, 言語教育政策について関心がある。共著に『Developing English Fluency Through Shadowing』（南雲堂）, 高校英語教科書『Vivid 表現』（第一学習社）など。アメリカ・ニューヨーク州出身。

英語はリーディングだ！ー 英語の総合力を伸ばす読み方 ー

2020 年 4 月 13 日　第 1 刷発行　　　　　定価（本体 1,600 円＋税）

著者	門田 修平	Shuhei Kadota
	長谷 尚弥	Naoya Hase
	氏木 道人	Osato Shiki
	ホワイト・ショーン・A.	Sean A. White
発行者	南雲 一範	
発行所	株式会社　南雲堂	

東京都新宿区山吹町 361（〒 162-0801）
電話　03-3268-2311（営業部）
　　　03-3268-2387（編集部）
FAX　03-3260-5425（営業部）
口座振替：00160-0-46863
E-mail　nanundo@post.email.ne.jp
URL　　https://www.nanun-do.co.jp

イラスト・装丁／萩原 まお
DTP／Office haru
印刷所／恵友印刷
製本所／松村製本所

英語はリーディングだ！

― 英語の総合力を伸ばす読み方 ―

‖ 解答(例)・解説集 ‖

南雲堂

【試訳】

　いくつかの認知技能は，年齢とともに自然に低下しますが，何らかのトレーニングにより，次のような技能を向上させられることが，研究結果により示されています。

　最近の研究は，トレーニングの効果は，そのトレーニングが終了した後も何年も持続することを実証しているようです。この研究では，記憶力，思考力，日常のタスクを実行する能力を向上させるための方法を，高齢者に対して教授しました。

　2,800人以上の人が，自立した健康な高齢者になるための先進的トレーニング（Advanced Training for Independent and Vital Elderly：ATIVE）という研究に自発的に参加しました。参加者は，単語リストを覚える技能や情報を受け取って理解するための思考力や処理能力を高めるトレーニングを受けました。

　研究リーダーのジョージ・レボック氏は，調査の結果，トレーニングのほとんどはまる10年経ってもその効果が持続していることがわかったと述べています。「私たちは，これらの効果が時間が経過しても継続し，トレーニング後10年経っても変わらないのかどうか疑問に思っていました。実際，このことをまさに私たちは発見したのです。」

　しかし，記憶への効果はそれほど長くは続かないようでした。それでも，高齢者は，一般に，日常の活動を行うのにあまり困らなくなったと報告したのです。

　レボック氏と彼のチームは現在，このようなトレーニングを低コストで提供する方法を検討しています。「トレーニングをもっと広く利用してもらえるようにしています。たとえば，現在，学術研究資金を得て，インターネットを使った能動的な記憶力を高めるトレーニングを作成し，オンライントレーニングができるようにしています。」

　この研究成果は，『米国老年医学会誌』（*Journal of the American Geriatrics Society*）に掲載されています。

ツボその1

① 認知技能の低下
② 記憶力，思考力，情報処理速度を高めるトレーニング
③ 10年後まで効果があった
④ 認知訓練をもっと安い料金で提供できるようにすること

ツボその2

① a, d
   mental skills は「認知技能」。これに直接含まれないものは walking と eating。
② a, b, d
   improve は「向上させる」という意味。amend（修正する），contribute（貢献する），adopt（採用する），develop（発展させる）。
⑥ b
   Advanced Training for Independent and Vital Elderly を短く表記するには各単語の頭文字をとって表記する。
⑦ b
   reasoning は「考えて推測すること」。jogging（ジョギングすること），thinking（思考すること），cooking（料理すること），performing（実行すること）。
⑩ a, b
   ここでの endure は「続く，持続する」という意味。continue（継続する），persist（持続する），catch up with（追いつく），do away with（取り除く）。

ツボその3

⑤ c
   ここでの methods は「方法」という意味。when to（いつするか），what to（何をするか），how to（どのようにするか），where to（どこでするか）の中で最も適切なのは how to。
⑪ b
   in fact は「実際には，本当に」くらいの意味。for instance（たとえば），indeed（本当に），likewise（同じように），surprisingly（驚いたことに）。
⑬ c, d
   more broadly available は「もっと広く利用できるようにする」という意味。more highly restricted（もっと制限を厳しくした），more difficult and specialized（もっと難しく専門的にする），more people can access（もっと多くの人が利用できる），more people can obtain and use（もっと多くの人が取得して活用できる）。

ツボその4

③ a

demonstrate は「実証する，明らかにする」という意味。

a. Please <u>describe</u> the source from which she got that information. (彼女がその情報を得た情報源を説明してください。)

b. He <u>gave</u> me some demo tapes. (彼は私にデモテープを何本かくれた。)

c. The Irish people were <u>marching</u> down the street. (アイルランドの人たちが通りを行進してきました。)

d. I <u>suggest</u> you ask him some specific questions about his home. (彼に自分の家について詳細な質問をしてみることを提案します。)

④ b, c

ここでの last は「継続する，続く」という意味。

a. She got married to Taro <u>last</u> March. (彼女は太郎とこの前の3月に結婚した。)

b. Enjoy it because it won't <u>last</u>. (そんなことは長続きしないから楽しんでね。)

c. She left a <u>lasting</u> impression on him. (彼女は彼にずっと続く印象を残した。)

d. He would be the <u>last</u> to say that science has explained everything. (科学ですべてを説明できるなんて彼はけっして言わないタイプの人だ。「～なんて言うような最後の人」が直訳)

⑧ d

ここでの lead は「第一番の，最も重要な」という意味。

a. If you <u>lead</u> a group of people somewhere, you walk or ride in front of them. (あなたがグループをどこかへ先導する場合は，あなたは彼らよりの前を歩いたり，乗車したりすることになります。)

b. His goal gave Japan a two-goal <u>lead</u> against England. (彼のゴールが決まって，日本がイングランドに対して2点のリードとなった。)

c. An older man came out with a little dog on a <u>lead</u>. (年配の男性が，小さな犬をひもにつないだまま外に出ていきました。)

d. The President's reaction is the <u>lead</u> story in the Japanese press. (大統領の反応は日本のマスコミのトップストーリー［ニュース］です。)

⑭ a

ここでの grant は「研究助成金，奨学金」の意味。

a. Unfortunately, her application for a <u>grant</u> was rejected. (残念ながら，彼女の助成金の申請は拒否されました。)

b. He seemed to take it for <u>granted</u> that he should speak as a representative for the group. (彼はグループの代表として話すことを当然だと考えていたようです。)

c. France has agreed to <u>grant</u> him political asylum. (フランスは彼に政治的亡命を認めることに賛同した。)

ツボその 5

⑮ b

Geriatrics は「高齢者学，老人学」の意味。

a. The branch of medicine that deals with the care of infants and children（幼児，子供のケアを扱う医学分野）

b. The branch of medicine that deals with diseases and problems specific to old people（老人に特有の病気や問題を扱う医学分野）

c. The branch of psychology that deals with people in their 20's and 30's（20代および 30 代の人を扱う心理学分野）

d. The branch of psychology that deals with human cognitive processes（人間の認知プロセスを扱う心理学分野）

ツボその 6

⑨ c

most of the training remained effective a full 10 years later は「大半のトレーニングは，まる 10 年経った後も引き続き効果がありました」の意味。

a. we found most of the training still effective even after 10 years（大半のトレーニングは 10 年経った後もまだ効果があることがわかりました）

b. the training has mostly been effective for 10 years（トレーニングはその多くが 10 年間ずっと効果がありました）

c. none of the training has been effective for 10 years（10 年間効果があったトレーニングは一つもありません）
上記で，c のみがまったく異なる意味。

⑫ a, c

The effect on memory ... seemed not to last as long. は「記憶への影響はそれほど長く続かないようでした」の意味。

a. It seemed that the effect on performing daily activities was less strong than that on memorizing.（日常活動を行うことへの影響は，記憶への影響よりも弱いようでした。）

b. It seemed that the effect on performing daily activities was stronger than that on memorizing.（日常活動を行うことへの影響は，記憶への影響よりも強いようでした。）

c. Memorizing, it seemed, was much more influenced than the performance of daily activities.（記憶力は，日常活動を行う能力よりもはるかに多くの影響を受けたようです。）

【試訳】

　健康な食習慣のためには，食物の中に良質のタンパク質，炭水化物，よい脂肪，ビタミン，ミネラル，水分が必要です。加工食品，健康によくない飽和脂肪，そしてアルコールの摂取は減らすべきです。そうすることが体の機能を維持し，適正体重を保ち，疾病を防ぐ助けとなります。

　食物は私たちの日々の活動をサポートしてくれます。食物は私たちの細胞をダメージから守ってくれます。また，ダメージを修復する助けもしてくれます。タンパク質は傷を負った体内の細胞を再生し，疾病と闘うための強い免疫システムを増進してくれます。炭水化物と脂肪は，体が必要とするエネルギーへと変わります。ビタミンとミネラルは体の作用をサポートしてくれます。たとえば，ビタミンの中には細胞を保護する酸化防止剤となるものもあります。たとえば，重要なミネラルは骨を丈夫に保ち，神経信号を伝達する助けをしてくれます。

　健康な食習慣とは，あなたにとってよい食物を選ぶだけではなく，適量を食べることも意味します。もしも，体のエネルギーが必要とする以上のカロリーを摂取すれば，不要となるカロリー量は脂肪細胞へと変わります。それは，心臓病や呼吸疾患，ガンなどの健康上の問題へとつながることもあります。

　食物内の栄養素が多すぎたり少なすぎたりすることも健康上の問題を引き起こしかねません。たとえば，カルシウムが少なすぎると骨の衰えの原因になる可能性があります。果物や野菜の摂取量が少なすぎるとガンのリスクが高くなると考えられています。

　これらの問題を防ぐためには，必要とするものを体が得られるように幅広い種類の健康によい食物源からの食物を食べること，そして適正な量を食べることです。

ツボその 1

① 体の働きがよくなり，適正体重がキープでき，病気にならない
② 傷ついた細胞を再生したり免疫システムを増進する
③ 適正な量を食べること
④ ガンになる確率が高くなる

ツボその 2

① b

quality は「質」という意味（ただし本文中では「良質」という意味）なので，対立語は「量」を表す quantity。

③ a

maintain も keep もともに「維持する」という意味。

④ c

functions も workings もともに「機能，働き」という意味。

⑨ c

この場合，right amount は「適正な量，正しい量」という意味なので，対立語は「間違った量」という意味を表す wrong amount。

ツボその 3

② a

processed food は「加工食品」という意味なので，具体例としてはプロセスチーズといわれることからも cheese が正解。ただし，加工されていないチーズもある。

ツボその 4

⑤ b

この文脈で cells は「細胞」という意味。b は「生命体の最も小さな単位」で正解となる。cell には「独房」という意味もあり，a がそれに当たる。

⑥ b

immune とは「免疫」という意味なので b「体が持つ保護機能」が正解。a もやや意味の関連はあるが「免疫」の意味が含まれない。c の quality of life は「生活の質」という意味。

ツボその 5

⑦ b

anti は「反」，oxidants は「酸化剤」で，合体させると「酸化を止めるもの（＝酸化防止剤）」となる。

ツボその6

⑧ c

transmit とは「（電子シグナル等で）伝える，（病気などを）移す」という意味。package（荷物）には通常 transmit ではなく send を使う。

ツボその7

⑩ a

be converted into も be changed into もともに「〜に変えられる」という意味。

⑪ 1. fat tissue　2. may/can

⑫ c

contribute to とは「〜の一因となる」という意味。c は「骨が弱くなることを防ぐ」という意味なので，もとの文とは意味が逆である。

ツボその8

⑬ a

be associated with とは「関係付ける，関連がある」という意味。a は「飲酒とガンは関連がある」という意味である。b は He is involved in the accident. とした方がより自然。

⑭ a, b

sources とは「根源，起こり」という意味なので，a「収入源」，b「食料源」が正しい。

英文素材
Try 1

幸せな結婚？

【試訳】

　最近の統計では，独身でいることを選ぶ人が多くなっているようです。けれども，まだほとんどの男女が，結婚するか，既婚者のままでいたいと思っています。よい結婚とは，幸せで意義のある人生を送る最も確実な方法であると，まだそのように見られています。一方，悪い結婚とは，不幸であるだけではなく，お互いの健康に有害なものとなります。

　それは『行動医学年報』（*The Annals of Behavioral Medicine*）に掲載された研究で結論付けられています。研究者は，303人の一般に健康とみなされる人々に生活の質について詳細な質問をしました。回答後，参加者たちは，携帯用の血圧計を24時間身に着け，いつもどおりの生活を送りました。不幸せな関係に陥っていると打ち明けた被験者は，血圧，ストレス，気分の落ち込みの度合いがより高くなりました。研究者の一人は，「不幸せな結婚は，文字通り，暮らしがより悪くなっていくので，結婚すること自体が健康面で役に立つ訳ではない」と述べています。

　では，どのようにして不幸な結婚をよいものにできるのでしょうか。別の研究では，健全な喧嘩がその答えであるかもしれないと示されています。怒りを抑える夫婦は，不満を常に表現する夫婦に比べて，死亡率が2倍高いそうです。アメリカの脚本家，ソートン・ワイルダー氏はかつて次のように述べていました。「喧嘩は結婚の最もよいところです。それ以外のことはまあまあです。」上記の研究が示すとおり，ワイルダー氏の言ったことは皮肉というより正しかったのかもしれませんね。

ツボその1
① marriage / health / fighting
② 1. Marriage　　2. health　　3. fighting

ツボその2
【第1パラグラフ】
キーワード：Bad marriage / detrimental effect / our health
Bad marriage has detrimental effects on our health.
【第2パラグラフ】
Those subjects who had confessed to being trapped in an unhappy relationship
had much higher levels of blood pressure, stress, and depression.
【第3パラグラフ】
A good quarrel may be the answer.

【試訳】

　昨年のメーデー（5月1日労働祭）では，世界の労働者が抗議を行い，政府の指導者が債務危機を食い止めるために課した緊縮政策に反対しました。フィリピン，インドネシア，台湾の何千人もの抗議者が，学費，物価，およびガソリン価格が上昇する中，賃金引き上げを求めました。ヨーロッパ全体に怒りがあふれ憂鬱な雰囲気が漂う中で，デモ参加者は高い失業率と政府の予算削減に抗議しました。マドリードのデモ参加者の一人は，「この国の若者たちに未来はないので，ここに来た」と説明しました。別の抗議者たちは次のように述べました。「お金は消えてなくなるものではない。それはただ持ち主を変えて，今は銀行のほうにあるだけ。そして，政治家は銀行の操り人形です。」

　健康で丈夫，熟練し，経験を積んでいる人でも，仕事を失います。突然に意味のある仕事ができなくなり，家族の「稼ぎ手」として社会に貢献しているとみなすこともできません。これらは人生におけるトラウマとなります。したがって，労働者が街頭に出るとき，彼らが抗議しているのは収益力の損失だけではありません。尊厳とアイデンティティの喪失にも抗議しているのです。

　現在影響を受けているのは，ブルーカラー労働者だけではありません。著者のバーバラ・エーレンライクは，現在の状況を次のように説明しています。「今日，ホワイトカラー職の不安定な状況に，もはや景気循環の機能（株式市場が下落すれば上昇し，その数字が改善すれば再び下降すること）はありません。このことは，電気通信や技術のようないくつかの不安定なセクター，または国内のいくつかの地域に限定されません。経済は好調に見えても，レイオフは続きます。この「永遠に続く選別のプロセス」には，ダウンサイジング，スマートサイジング，リストラ，さらにはティレイアリング（管理階層削減）などの様々な婉曲表現が使われています。エーレンライクは，今日のほとんどのホワイトカラー労働者は，いつか解雇されることを予期しているので，実際に仕事を失わなくても，不安と絶望を感じていると結論付けています。

ツボその1

① workers / protests / anxiety

② 1. Workers　　　2. protests　　　3. anxiety

ツボその2

【第1パラグラフ】

Last May Day, world workers staged protests, demonstrating against austerity measures government leaders imposed to stem the debt crisis.

【第2パラグラフ】

キーワード：traumatic / dignity / identity

When people lose their jobs, it is a traumatic event; they also lose their dignity and identity.

【第3パラグラフ】

キーワード：insecurity / anxiety / despair

Job insecurity has increased, which makes people feel anxiety and despair even if they don't lose their jobs.

【試訳】

　アワ族はアマゾンの熱帯雨林に住むインディアンの一部族で，355名しか生き残っていません。そして，アワ族はその生存そのものが危機に瀕しています。アワ族は，木材伐採業者や建設会社に雇われたプロの殺し屋によって追われ，絶滅させられつつあります。それらの業者はアワ族の伝統的な土地を奪い，開拓地や牛の牧場にするためにジャングルを伐採しようとしています。「業者は木を切り倒し，すべてを破壊しようとしています」と部族の一人が言っています。

　アワ族の人々は追い出されつつあり，アワ族のこの悲しむべき状況は世界中の注目を集めました。その中には，サバイバルインターナショナルという，もともと持っていた土地を失ってしまう危機にある先住民族を助けることに献身的に取り組んでいる団体も含まれています。この団体はブラジル政府に対して，不法な伐採業者や殺し屋を追い払うために直ちに行動をとるよう要請しました。

　フィールド言語学者は，次のように述べています。「土着の先住民族が滅んでしまうことは悲劇です。何故なら先住民族とともにその人たちの言語も消滅してしまうからです。そして，それらの言語が伝えるあらゆる伝統的な知識がなくなることは言うまでもありません。」

　しかし，これらがなくなってしまうことを防ぐ望みはあります。アメリカの大学の言語学者であるデイヴィット・ハリソン氏は次のように述べています。「たった一つの地域で，たった50名か500名の人々しか話していない言語があるとします。それが現在では，ソーシャルネットワークメディアによってそういった言語が世界の声となって広がることができるのです。」

ツボその 1
1. 絶滅の危機に瀕した
2. 業者に雇われた人たちによる殺人など
3. 開発業者による土地の略奪や森林伐採など
4. サバイバルインターナショナル
5. ブラジル政府への直訴
6. 彼らの言語や言語によって継承されてきた伝統知識の消滅
7. ソーシャルメディア

ツボその 2
1. つきまとわれて殺され
2. 追い出され

ツボその 3
1. 〜に住んでいるインディアンの部族
2. 生き残っているメンバー

ツボその 4
1. 〜することに熱心に取り組んでいるグループ
2. 〜によって話されている言語

ツボその 5
避けることができる

【試訳】

　地球は，これまでにないぐらい急速に熱くなっています。地球の気温が急激に上昇しているのは，世界規模で気候のパターンが変化している結果で，その変化の主な原因は人間の様々な活動によるものです。毎年，化石燃料で動く車両や工場のすべてが，何百万トンもの炭酸ガス（CO2）として知られている温室効果ガスを大気に放出しています。ごみ埋め立て地，また畜産農場や牧場から大気中に上昇するメタンももう一つの問題です。また森林伐採が蔓延し，私たちが木を切れば切るほど，大気から二酸化炭素が吸収されなくなります。より濃度の高くなったガスが，地球の周りに分厚い毛布のような面を作り，それにより太陽の赤外線が閉じ込められ，地面に反射して大気圏外に戻ることが妨げられます。この閉じ込められた熱により，地球の気温が上昇しています。

　地球温暖化は，それほど遠くない未来に予想される悲惨なことすべてを助長しています。北極の氷冠や氷河が溶け，海面が上昇し，沿岸の洪水を広範囲にわたって引き起こします。砂漠化は，自然の生息環境を破壊し，植物や動物の絶滅を加速させます。さらに気温が高くなると，異常気象のパターンを引き起こし，激しい台風やハリケーンを生み出します。控え目に言っても悲観的な未来です。

　そのような暗い未来を回避することができるでしょうか。はい，できます。もっとリサイクルし，もっと燃料効率のよい車を運転し，代替エネルギー源に切り替え，もっと木を植えます。最も重要なのは，気候の変化は単に一時的な現象に過ぎず，自然なサイクルの一部だと述べる地球温暖化の批評家に耳を傾けるのを止めることです。

ツボその１

1. 起因している
2. 上がるので
3. 海面が上昇し
4. 消滅させて
5. 加速させる
6. 原因となり
7. 引き起こす

ツボその２

自然のサイクル

ツボその３

1. 北極の氷冠と氷河が溶けること
2. 温度の上昇

ツボその５

1. changes
2. rising
3. concentrations
4. causing
5. speeding

【試訳】

　あなたの身近な親族や友人が亡くなったとしましょう。または，あなたが熱烈に恋をしていた相手が，心変わりしてあなたのもとを去ったとしましょう。このようなトラウマ的出来事の記憶を，頭から消去するのは特に困難であることは私たち誰もが承知しています。それらはずっと鮮明に記憶されているのです。

　デューク大学の研究者たちが，脳イメージング技術を駆使して，その理由を解明しました。悪い思い出は，記憶を司っている脳の部分に関係するだけでなく，脳の感情の中枢である扁桃体にも作用しているのです。感情と記憶の相互作用により，そのような思い出が「特別に鳴り響くもの」になります。デューク大学の発見は，心的外傷後ストレス障害(PTSD)をよりよく理解し，治療するのに役立つことでしょう。この障害を持った人は，(トラウマの)元となった出来事を何度も何度も体験することで，頻繁にフラッシュバックや悪夢に苦しめられるのです。

　では，そのような悪い記憶を除去する方法はあるのでしょうか。何世紀もの間，アルコールは「悲しみをまぎらす」のに役立つと信じられてきました。しかし，東京大学の医師チームはその考えにノーと言っています。アルコールには短期的な効果はありますが，実際には悪い記憶が，はるかに長く，強く残る原因になります。

　しかし，今回，ハーバード大学の別の研究チームが，悪い記憶を削除するのに役立つ「記憶喪失薬」を開発しました。Proponal（プロプラノール）という名で知られるこの薬は，レイプや重大事故の被害者の治療にすでに使用されています。薬を服用してわずか10日間で，患者は自分のトラウマ体験について，より率直かつ穏やかに話すことがでるようになったのです。

ツボその2

1. 波下線箇所1行目 perhaps，音声の語 certainly（×）
   perhaps（たぶん，おそらく），certainly（確かに，きっと）で異なる意味。
2. 波下線箇所4行目 erase，音声の語 delete（○）
   erase（消去する，削除する），delete（削除する）で同じ意味。
3. 波下線箇所8行目 interaction，音声の語 difference（×）
   interaction（相互交流），difference（相違点）で異なる意味。

4. 波下線箇所 12 行目 relive，音声の語 reactivate（○）
   relive（再体験する），reactivate（復活させる）で同じ意味。
5. 波下線箇所 13 行目 get rid of，音声の語 make use of（×）
   get rid of（取り除く），make use of（活用する）で異なる意味。
6. 波下線箇所 19 行目 delete，音声の語 erase（○）
   delete（削除する），erase（消去する，削除する）で同じ意味。

ツボその 5

b, c, e, h, i

a. 本文 3 ～ 4 行目に ... memories of traumatic events like these are particularly hard to erase from the mind. とあるので，不一致。

b. 本文 3 ～ 4 行目に ... memories of traumatic events like these are particularly hard to erase from the mind. とあるので，一致。

c. 本文 5 ～ 6 行目に Researchers at Duke University, using brain-imaging techniques, have come up with an answer why. とあるので，一致。

d. 本文 7 ～ 8 行目に ... they also involve the amygdala, the brain's emotional center とあるので，不一致。

e. 本文 8 ～ 9 行目に This interaction between feeling and remembering gives such memories a "special resonance." とあるので，一致。

f. 本文 16 行目に ... alcohol may have some short-term benefits とあるので，不一致。

g. 本文 11 ～ 12 行目に，その犠牲者は，suffer from frequent flashbacks and nightmares とあるので，不一致。

h. 本文 19 ～ 20 行目に The drug, known as Proponal, has already been used to treat ... とあるので，一致。

i. 本文 21 ～ 22 行目に In just ten days on the drug, patients were able to talk about their traumatic experiences more openly and calmly. と記述されているだけで，トラウマ体験を除去できたわけではないので，一致。

j. 本文 16 ～ 17 行目に，アルコールについて，... it actually causes bad memories to linger in the mind much longer and stronger. とあるので，不一致。

ツボその 6

① 1. accidents　　　2. hard
② 3. interaction　　 4. resonance
③ 5. believed　　　 6. drowning one's sorrow
④ 7. amnesia　　　 8. bad memories

【試訳】

　私たちは，ぐっすり眠れて翌朝に爽快な気分で起きられたとき，「昨夜は，赤ちゃんのように眠ることができました」とよく言います。しかし「赤ちゃんのように眠る」はもっと文字通りの意味があります。私たちの多くは，子宮の中にいる赤ちゃんのように，体全体を丸めた姿勢で寝ています。これは「胎児の姿勢」として知られています。睡眠の専門家は，寝相は「夜間のボディーランゲージ」のようなもので，私たちの性格について多くを語ると述べています。

　たとえば，「赤ちゃんのように眠る」人は内気で神経質な傾向があります。両腕をぴったりと体の横につけて気をつけの姿勢で仰向けになる「兵隊の姿勢」で寝る人は，静かで控え目なことが多いです。もしあなたが両腕と両脚を伸ばしてベッドの先のほう（足元のほう）に向けて横向きに「丸太のような姿勢」で眠るなら，あなたは友好的でのんびりした人です。うつむきに「急降下の姿勢」で寝る人は大抵，積極的でよく話す人です。もしあなたが聞き上手なら，両腕と両脚をいっぱいに伸ばし仰向けに「ヒトデの姿勢」で眠っているのかもしれません。この研究は，一度，決まった姿勢で寝はじめると，それが一生のうちで変わることはまれであると補足しています。

　研究が述べていることには，もっとほかに何かあるかもしれません。ですが私は自分が，どのような寝方のタイプに該当するのかわからないのです。夜，ベッドに入ったときは，「兵隊の姿勢」で寝ます。起きたときには「急降下の姿勢」です。これはつまり，私は「二重人格」ということなのでしょうか。

ツボその 2

1. 波下線箇所 2 行目 feel refreshed，音声の語 productive （×）
   feel refreshed（気分がすっきりして），productive（生産的）で異なる意味。
2. 波下線箇所 3 行目 literal，音声の語 critical （×）
   literal（文字通りの），critical（批判的）で異なる意味。
3. 波下線箇所 5 行目 experts，音声の語 specialists （○）
   experts（専門家），specialists（専門家）で同じ意味。

4. 波下線箇所 9 行目 reserved，音声の語 modest（○）
   reserved（控え目な），modest（謙虚な，控え目な）で同じ意味。
5. 波下線箇所 11 行目 friendly，音声の語 fun（×）
   friendly（友好的な），fun（楽しい）で異なる意味。
6. 波下線箇所 13 行目 aggressive，音声の語 active（○）
   aggressive（積極的な），active（能動的な，積極的な）で同じ意味。
7. 波下線箇所 16 行目 rarely，音声の語 hardly（○）
   rarely（めったに〜しない），hardly（ほとんど〜ない）で同じ意味。
8. 波下線箇所 18 行目 wake up，音声の語 lift up（×）
   wake up（起きる），lift up（持ち上げる）で異なる意味。

ツボその 5

b, c, e, f, i

a. 本文 1 〜 2 行目に We often say, "I slept like a baby last night" when we get a good night's sleep とあるので，不一致。
b. 本文 3 〜 4 行目に Many of us sleep ... like a baby in the womb. This is known as the "fetal position." とあるので，一致。
c. 本文 5 〜 6 行目に ... the way we sleep is ... telling a lot about our personalities. の箇所で一致。
d. whether someone is healthy については言及されていないので，不一致。
e. 本文 8 〜 9 行目に People who sleep in the "soldier position" ... are often quiet and reserved. と述べているので，一致。
f. log position の説明そのままなので，一致。
g. よく話す（talkative）のは starfish position ではなく free-fall position なので，不一致。
h. free-fall position が aggressive と関係するので，不一致。
i. 本文 15 〜 16 行目に ... once a person starts sleeping a certain way, he or she rarely changes it throughout life. とあるので，一致。
j. 本文 17 〜 19 行目は But I'm not sure where I fit in. When I go to bed at night, I'm a "soldier." When I wake up, I'm a "free-fall." Does this mean I have a "split personality"? と述べているだけで，二重人格を意味するため 2 つのタイプに同時に該当することはないという記述はないので，不一致。

ツボその 6

① 1. literal
② 2. way　　3. personalities
③ 4. aggressive　　5. talkative　　6. stomach
④ 7. true　　8. sleep　　9. with

【試訳】

　去年の父の日，ミシガン州に住む7歳の男の子が，家をこっそり抜け出し，義父の赤いポンティアック・スピッツファイアーを「借りて」，およそ120マイルも離れた場所に住んでいる本当の父親に会うため「高速でのミッション」に着手しました。男の子はパジャマ姿のまま裸足で，車の床に立って，アクセルやブレーキを踏み，ハンドル越しに前方を見ていました。それを見て驚いた走行中の運転手が911番に電話をかけて警察に知らせるまで，男の子は20マイルほど走行していました。「その子は泣きながら，お父さんのところに行きたかったと言い続けていました」と男の子の運転する車をやっとのことで止めた警察官がコメントしました。

　離婚した父親と一緒にいたいがため無茶なことをする息子がいる一方で，息子といるためにどんな苦労もいとわない父親もいるようです。サウスカロライナ州に住むある父親は，最近，車のセールスの仕事を辞めて，ネブラスカ州で開かれたカレッジ・ワールドシリーズの決勝戦でピッチャーをする息子を見に行きました。彼の雇用主が，私用で休暇を取りたいという要望を却下したので，「辞めます」と言って，その数時間後には，スタンドで息子を応援していました。父親のその衝動的な行動について息子は，「お父さんの行動に感激しました」と述べています。

　子供たちと一緒に暮らす既婚の父親は子育てにより多くの時間を費やしている一方で，ほぼ30％の父親は今，子供たちと離れて暮らしており，その割合は1960年の2倍となっている，とある研究は報告しています。これらの二つのストーリーは，アメリカの父親像を特徴付ける二つの異なった傾向をよく表しているのかもしれませんね。

ツボその1

① a

7歳の息子は120マイル離れたところに住んでいては一人で会いにいけないし，車を運転する危険を冒すぐらいだからなかなか実父に会えない状態と推測できる。

② a

裸足でパジャマ姿なので早朝か夜の可能性が高い。

③ b

ハンドル越しに見ているのだから，背は足りていない。

④ b

ほかの車の運転手が目撃し911に通報したので途中で阻止された。

⑤ 息子たちは実父に会いたくて仕方がない。

⑥ 父親は子供のために休めるかどうか会社に尋ねている。

⑦ 父親は息子が試合をしている野球場のスタンドにいる。

ツボその2

① c

本文の内容どおり。

② 本文に答えはないが推論すれば，a の可能性が高い。後続の英文で just kept saying he wanted to go to his dad's とあるので「義父が怖い」というよりも「実父に会いたくて仕方がない」という理由であると推測できる。

③ 本文からはわからないが，実父にそれほど会いたいと思うのは法的に会えない状況かもしれない。

④ 父親とその大学生の息子という人間関係があり，息子は大学で野球をしており，決勝まで勝ち進んでいる。父親は仕事よりも息子の野球の試合を見に行き応援することを選んだが，息子はそれに感動したようだ。

⑤ walked out on his job「仕事から立ち去る」，turned down his request for personal time off「個人的な事情で休暇を取ることが断られ」，I quit「仕事を辞める」と決断していることから，息子を何より大事に思っていることがわかる。

⑥ 結果的には，息子は父親の行動に感激し，親子の絆はさらに深まる。

【試訳】

　2005 年，ケンタッキーフライドチキン（KFC）は，なんと，性格について包括的な研究を実施しました。KFC の顧客を被験者とし，様々なバーベキューソースをテスト因子とした調査により，フレーバーの嗜好と性格との直接のつながりを明らかにしました。たとえば，甘くてピリッとした「ハニー BBQ ソース」を好む人は，「敗北を受け入れず，あまり他人の愚かさに寛容でないウィナー（勝者）」です。一方，より辛い「スイート・アンド・スパイシーソース」を選んだ顧客は，社交的および派手で，仕事，遊び，ロマンスで，リスクを冒して刺激的新体験を求める人です。

　結局のところ，KFC の調査結果は客寄せの宣伝文句なのであまり真剣に受け止めるべきではないかもしれませんが，この結果は心理学界でよく知られている，個人の好みによって，本当の自分がわかるという事実と一致します。これは，スコットランドのエイドリアン・ノース教授が率いた最近の研究に裏付けられています。研究者は，世界中のあらゆる年齢層の男女 36,000 人に，異なる音楽スタイルの評価を求めました。その後，被験者は詳細な性格テストを受けました。ジャズファンは創造的で，社交的で，話すことが得意で，クラシック音楽ファンは思慮深く静かで，カントリーミュージック愛好家は熱心で，友好的で，頼りになる性格でした。大きな驚きはヘビーメタルファンでした。従来の固定観念では，彼らを本人たちにとっても社会にとっても危険だと考えられていましたが，ノース教授の研究では，彼らは穏やかで「非常にデリケート」な性格でした。

ツボその2

1. 商品の好み
2. 性格
3. 強く勝ちたい
4. エキサイティングな経験
5. 正確
6. 信用
7. 商品PR
8. 心理学
9. 仮説
10. 年齢
11. 大きかった
12. いくつかのテスト
13. イメージ
14. 危ない

ツボその3

① KFC の顧客に関する調査では，好みのソースの味との性格の関連を調べた。

② They prefer the sauce because (there is something in its sweet and tangy flavor that relates to their personality of not easily accepting defeat and having little tolerance for others' foolishness.)

   They prefer the sauce because (there is something in its hot flavor that relates to their outgoing, flamboyant personalities who enjoy taking risks and seeking out exciting new experiences.)

④ They probably used questionnaires and interviews about customers' personalities and flavor preferences.

⑤ That the results are quite real and serious and that personality determines people's sauce preferences.

⑥ この結果はある分野でよく知られている事実を示しており，個人の好みが本当の自分を明らかにしている。

⑦ 男性と女性はおそらく，自分の好みにより異なる音楽ジャンルを評価またはランク付けするように求められただろう。彼らはまた，おそらく研究によく使われている性格のアンケートに答えた。次に，研究者は回答間の関係を調べた。

⑧ ジャズファン：ジャズ音楽は，リスナーの創造性，社交性，話すのが得意なことに何らかの形で関連している。

   クラシック音楽：クラシック音楽は，リスナーの思慮深さと静かさに何らかの形で関連している。

   カントリーミュージック：カントリーミュージックは，リスナーの勤勉さ，親しみやすさと信頼性に何らかの形で関連している。

⑨ 一般に，ヘビーメタルのファンは，着る服や見た目，好きな音楽が大きくて暗い音のため，危険だと思われている。

【試訳】

　専門用語では，ソーシャライゼーションとは私たちが社会における役割の果たし方を学ぶプロセスを指します。このプロセスによって私たちは，社会規範（特定の社会の状況下での行動様式のガイドライン），習慣（伝統的な物事の行い方），価値観（何が正しく何が間違っているかに関する信念）に対する意識を高めます。私たちはまた，ソーシャライゼーションによって個人個人のアイデンティティも確立させます。ソーシャライゼーションは，概ね，幼少期・児童期・思春期といった発達期に起こるものですが，ある程度は生涯を通して起こるプロセスでもあります。

　しかしながら日常の言葉としては，ソーシャライズするとは単にほかの人々と社交的に交流することを意味します。それは友達を作ったり，クラスメイトや同僚と仲良くしたり，酒場やパーティーに行くことを指します。言い換えると，ソーシャライゼーションは私たちの生活全般において極めて重要な役割を果たします。その役割がいかに重要であるかは，いくつかの社会学や神経学に関する最近の研究プロジェクトによって強調されてきました。ミシガン大学の社会科学者と心理学者によって行われたある研究では，ソーシャライゼーションによって私たちは賢くなることがわかりました。この研究を行った研究者は，社会的交流を頻繁に行うことは脳の運動になり，その結果，認知行動能力のレベルが高くなると結論付けました。

ツボその 1

【第 1 パラグラフ】
繰り返される語：socialization
トピック：社会化（社会にふさわしい規範や習慣，価値観などを身につけること）

【第 2 パラグラフ】
繰り返される語：people, friends, classmates and colleagues
トピック：他者，あるいは他者との関係

ツボその 2

【第 1 パラグラフ】
In technical terms, socialization refers to the process by which we learn how to function in society.

【第 2 パラグラフ】
In everyday terms, however, to socialize simply means to mingle socially with other people.

ツボその 3

【第 1 パラグラフ】Although
【第 2 パラグラフ】however，In other words

ツボその 4

【第 1 パラグラフのパターン】カ
【第 2 パラグラフのパターン】カ

ツボその 5

① 社会の一員となること
② 社会の規範や習慣，価値観やアイデンティティ（自分らしさ）など
③ 幼少期から思春期にかけてが主であるが，ある程度は一生続くものでもある。
④ ほかの人々と社交的に交わること
⑤ 人々と社交的に交わることで，私たちの認知行動能力が向上した。

【試訳】

　いくつかのことについて，私は心理学者が言うところの「中毒になりやすい性格」です。私はお菓子とビールが大好きです。その結果，体重は増え，パブでは長居してしまいます。これらの悪い習慣を克服するには多大な努力が必要です。なんとかやめたり減らしたりしても，まもなくまた元に戻ってしまいます。しかし，ほかのほとんどのことについては，私は誘惑に非常に簡単に抵抗できます。たとえば，薬物やギャンブルに惹かれたことはありません。またテレビについては，私は見ても見なくても，どちらでもいいです。

　ただし，一部の人にとっては，テレビを見ることはまるで「薬物乱用」で，中毒の一種です。これらのいわゆる「カウチポテト」（座ってばかりいる怠け者）と呼ばれる人々は，テレビを消すことができません。彼らには「中毒になった」ときのあらゆる症状が見られます。予定よりも長くテレビを見たり，社会，仕事，家族の義務を無視したりします。そのような問題に対して恥や罪悪感を感じ，何度も何度もやめようとします。彼らは「日常生活」に飽きており，また気が散りやすいところがあります。そのうえ，大抵太りすぎで，不健康です。そして，彼らは孤立してしまい，孤独に陥ります。

　子供は特にテレビ中毒になりやすいです。彼らはテレビから目を離すことができません。しかし，研究によると，テレビを見る時間を減らすことも学べます。アメリカやイギリスの多くのプレスクール（保育学校）は「テレビ禁止」キャンペーンを始めました。学校で，子供たちは「テレビなし！」というポスターを作り，家に持ち帰ってテレビ画面に貼り付けます。テレビを見なかったり本をたくさん読んだりすれば，そのごほうびとして「おめでとう」と書かれたシールがもらえます。子供たちはテレビを見ないで済ませたことを祝って学校でパーティーをします。そして，それはよい効果をもたらし，テレビ視聴は25％以上まで削減されています。

ツボその 1

【第 1 パラグラフ】

語：addictive, effort, bad habits, quit, resist
トピック：依存するもの

【第2パラグラフ】
語：TV, substance abuse, addiction, hooked, neglect, ashamed, guilty, problem, quit, isolated and lonely
トピック：テレビ依存
【第3パラグラフ】
語：children, susceptible, TV, addiction, "anti-TV" campaigns, "No TV!" signs, rewards, 25% cut
トピック：子供のテレビ依存とその対策

ツボその2

【第1パラグラフ】　About some things, I am what psychologists call an "addictive personality."
【第2パラグラフ】　For some people, though, watching TV is a form of "substance abuse" — that is, addiction.
【第3パラグラフ】　But studies show they [children] can also learn to watch less TV.

ツボその3

【第1パラグラフ】　As a result，But，And, as for
【第2パラグラフ】　though，What's more，And
【第3パラグラフ】　But，And

ツボその4

【第1パラグラフのパターン】ア
【第2パラグラフのパターン】ア（ウ）
【第3パラグラフのパターン】オ

ツボその5

① 甘いものとビールがとても好きで，太ったりするが，控えようとしてもまた食べて飲んでしまう。やめられない。
② テレビに対しては特にそのような問題はない（あまり興味ない）。
③ テレビは麻薬のようなもの（乱用してしまう）となっている。
④ テレビが消せない。依存症の症状になる。予定していた時間より長くテレビを見る。交友，職務，家族義務などを怠る。自分のテレビ依存問題に対して，恥，罪深い気持ちになる。何度も繰り返して止めようとする。テレビ以外の普通のやることがつまらなくなる。簡単に気が散らかる。また，太りすぎて不調，さらに孤独になる。
⑤ 子供
⑥ プレスクールなどでやる「対テレビ」キャンペーン
⑦ テレビ視聴時間が25%以上カットという結果になった。

英文素材
Try 1

テキスティングも悪くない

【試訳】

　私たちは，電子メールやテキスティング（テキストメッセージの送受信）といった新しいテクノロジーを使って，間接的に連絡をとりあい社交的に交流することがますます多くなっています。多くの心理学者や言語学者はこの新しい種類のコミュニケーションを批判しており，その主な理由として，アメリカ人の哲学者であり言語学者でもあるジェロルド・カッツ氏はかつて次のように述べました。「文字をタイプすることは人間の在り方ではなく，またサイバー空間にいることは現実でありません。すべては偽りであり疎外であり，本物に代わる陳腐な代用品です。」新しいテクノロジーを疑う人たちもまた，それらは孤立感を助長すると指摘しています。マサチューセッツ工科大学の心理学者であるシェリー・タークル氏は最近次のように書いています。「私たちの大半が持ち歩いている小さな電子機器はあまりにもパワフルで私たちが行うことを変えるにとどまらず，私たちが何者であるかをも変えてしまいます。私たちは，『つながっているのに孤独』というこの新しいコミュニケーション方法に慣れてしまいました。」

　中でもテキスティングが批判を受けているのは，それが危険であり健康に悪いという理由からだけではありません。テキスティングは私たちの言語能力を衰退させると言う人もいます。たとえば，サイエンスデイリー紙は，大学生の読書習慣に関する新しい研究により，テキストメッセージを読むことは，新しい言葉の意味を解釈する能力に悪影響を与えるだけではなく，新しい語彙を受け入れにくくしていることが示されたと報じています。

　しかし，電子メールやテキスティングはすべて悪いのでしょうか。もちろんそうではありません。実際，ジョン・マクウォーター教授はニューヨークタイムズ紙の特集ページの中で次のように述べています。「これらの書くための新しい方法の持つ柔軟性や創造性は，新たな社会的洗練の表れです。またキーボードを扱う技術はこれまで人類が知らなかったこと，つまり書き言葉による会話を可能にします。ちょうど人間が複数の言語で活動できるように，人間は複数の種類の言語で活動できるのです。」そして，テキスティングや電子メールは人々がオンライン上で偽のアイデンティティを作ることを助長するものであると多くの批評家が批判する一方で，アメリカ国立科学財団のために行われた新しい研究は異なる結論に至っています。その研究は，少なくとも世論調査の目的のためには，個人的でセンシティ

ブな質問に対して率直な回答を得る方法として，テキスティングは電話によるインタビューよりもはるかに優れた方法であるとしています。

ツボその 1

Jerrold Katz，Sherry Turkle，*ScienceDaily*，Professor John McWhorter，
the U.S. National Science Foundation
信用度： はい
理由： 具体的な大学名，新聞紙，公的な研究機関名が挙っているから。

ツボその 2

人物： この分野の専門家か，またはかなりの知識を持った人物だと思われる。
知識： 持ち合わせている
根拠： 大学教授など，この分野の専門家の声を引用したり，研究機関が発表した研究結果などにも精通しているようであるから。

ツボその 3

筆者の意見： 電子メールやテキスティングなどの新しい通信メディアは必ずしも悪くはない。
証拠・データ： ある
大手新聞の特集ページに掲載された大学教授の声の引用とアメリカの専門機関の行った研究結果がある。
意見の偏り： 偏っていない
賛成反対両方を代表する意見を掲載しているので，特に片方に偏っているとは考えられない。

【試訳】

　私は自分がある程度頭がいいと考えます。私はいつも学校でいい成績を取っていました。また，文章を書くことも絵を描くこともかなり得意です。しかし，自分の「才能」を最大限に活かしてきたかといえば，そうは思いません。幼い頃は前途有望だったのですが，その期待に応えられていないままです。それどころか，ちょっとした「劣等生」です。どうしたことでしょうか。私は怠け者なのでしょうか。でたらめな人間なのでしょうか。心理学者が「成功への恐怖」症候群と呼ぶ感情的な問題が原因で，私は成功しそうになると，パニックに陥り諦めてしまっているのでしょうか。

　日曜日のニューヨークタイムズ紙に載っていた記事は，私の問題を明らかにしました。私は「未来が見えない人」のようです。これは，私には人生における方向性が欠如していることを意味します。記事によれば，誰もが脳内に「コントロールセンター」を持ち，記憶，注意，言語などを管理して目標の達成を助けています。専門家はこのセンターを脳の「CEO」と呼んでいます。このCEOのおかげで「脳の中に目的のイメージを維持する」ことができる，とタイムズの記者リチャード・サルタスは書いています。しかし，CEOに欠陥がある私のような「未来が見えない人」は，計画やプロジェクトを最後までやり遂げる能力に欠けています。また「後から得られるよりよい報酬のために，目の前の誘惑に耐える」ということがなかなかできません。なぜCEOは正常に機能しないのでしょうか。科学者たちは，前頭葉は病気や怪我に対して「極めて脆弱」で，そこに何か問題があると言っています。私のような人は何ができるのでしょうか。ジョンズ・ホプキンス大学の神経科医であるマーサ・デンクラは，未来が見えていない人々は，ほかの人が「補助CEO」となり，目的に向かって導いてくれれば，「比較的成功する」可能性があると言います。

ツボその1

The New York Times, Experts, Richard Saltus, Scientists, Martha Denckla

信用度：　わからない

理由：　　新聞記事をもとに自身に関連付けているので，必ずしも十分に信用できるかどうかはっきりしない。

ツボその2

人物：　専門家ではなく，一般の人（ライター？）である。基本的にほかの一般の人を対象に自分に関連する話を書くが，ほかに同じような傾向にある人たちのために書く。

知識：　持ち合わせていない

根拠：　新聞や引用された研究者の見解を紹介し，自分の話に関連付けているだけであるから。

ツボその3

筆者の意見：　　新聞記事を紹介し，脳内のコントロールセンターの内容がまさに自身に当てはまると考えている。

証拠・データ：　ない（不十分）
新聞記事と専門家の意見だけで，実証的な研究データではない。

意見の偏り：　　偏っている
新聞記事と専門家の意見だけなので，偏りがある可能性は高い。

【試訳】

　世界に貯蔵されている核兵器を減らすことは，より安全な世界を作るうえで重要な一歩ですが，ほかにも緊急に軍備縮小が求められる従来の兵器がたくさんあります。中でも地雷は最も残酷な兵器です。地雷は接近してくる敵の兵士や車両を無能にすることを目的としています。また，地雷がそれほど冷酷であるのは，その目的が生命を奪うことだけではなく，ひどい苦痛や苦しみを与えることでもあるからです。国際法で禁止されていますが，地雷は安価で簡単に作れるので，今でも広く使われています。1億以上もの不発の地雷が70ヵ国以上でまだ存在しています。

　これらの不発弾を除去することは，多額の費用や時間もかかり，また非常に危険な作業です。初めの段階で最も難しいのは，地雷を探知することで，この作業は通常，地雷の中の爆薬を嗅ぎつけるように訓練された犬によって行われています。しかし今は新たな「兵器」がこの地雷反対の戦いに起用されています。それはラットです。ラットは鋭い嗅覚があり，さらに重要なのは，非常に小さく軽いので地雷を爆破させることなく，犬よりもっと効果的にこの作業を行えることです。さらに，より素早く動くこともできます。ひもを付けられた，訓練を受けたラットは30分ぐらいでサッカー競技場ほどの大きさの場所の作業を終えることができます。ラットを爆発物の探知に使うことはたいへん成功しているので，まもなく都会でテロリストが仕掛けた爆弾を見つけ出すような様々な危険な仕事を行えるようになるでしょう。

ツボその 1
※ すでに知っていることがあるかを考えるための質問をするとよいでしょう。た
とえば「地雷が除去されずに多く残っていることを知っているか」「この問題に
ついて日本は何か援助をしているか」などについて考えるとよいでしょう。

ツボその 2
landmines，100 million unexploded landmines，70 countries，removing，rats，
30 minutes
※「地雷が 1 億ほども埋まっている。70 ヵ国にまで及ぶのか。それをラットが除
去できるのか。30 分という速さで可能なのか」といったように推論しましょう。

ツボその 3
① 核爆弾の削減も重要であるが，緊急に除去されるべき兵器はほかにもある。多
くの国に 1 億以上存在する不発の地雷がある。
② 地雷除去は，コストも時間もかかり，また非常に危険だが，ラットがテロリス
トの爆弾を探知するなど爆発物の発見に役立つと期待されている。
③ 核爆弾の削減は重要な課題であるが，緊急に除去されるべき兵器がほかにもあ
る。それは多くの国に 1 億以上存在する不発の地雷である。しかしその作業
はコストも時間もかかり，また非常に危険であるが，ラットが効果的に爆発物
の発見を行い地雷除去およびテロリストによる爆弾の探知に貢献することが期
待される。

ツボその 4
核爆弾の削減は重要な課題であるが，緊急に除去されるべき兵器がほかにもある。
中でも地雷除去が緊急課題であり，国際法で禁止対象であるが，実際にはまだ多
く使用され不発弾は多くの国に 1 億以上存在する。地雷除去は費用も時間もかか
り，危険である。その除去の初めのステップで，最も難しいのは地雷探知であり，
これまで犬が貢献していた。しかし現在は犬に代わりラットの効果がより期待さ
れている。優れた嗅覚，小さい体で軽量であり，さらに素早く作業ができる利点
がある。

ツボその 5
【第 1 パラグラフ】
緊急に軍備縮小に取り組むべきは，地雷である。地雷が非人道的であるのは，生
命を奪うだけではなく，ひどい苦痛と苦しみを与えるからだ。そのため国際法で
禁止されている。しかしまだ広く使用されている (70 ヵ国で 1 億の地雷が残って
いる)。

【第 2 パラグラフ】

地雷の探知は，犬が貢献していたが，対地雷の動物としてラットが注目される。それは鋭い嗅覚，小ささ，軽量さが地雷を起爆させずに素早く作業することを可能にするからであり，成功が期待される。

ツボその 6

disarmament：arm は武器，dis は反対という意味，兵器をもたない「武装解除」の意味。

time-consuming：時間を消費するので「時間を費やす，時間がかかる」という意味。

hazardous：“hazardous jobs like sniffing out terrorist bombs” からテロリストの爆弾を見つけるような仕事なので「危険な」という意味。

ツボその 7

【第 1 パラグラフ】

Q: Why have all those landmines been left unexploded?

A: It is probably because too many landmines were used and scattered.

Q: Why did the number of landmines increase sharply?

A: It is probably because many landmines have been sold and used by many countries where there are wars.

【第 2 パラグラフ】

Q: How can the landmines be detected more effectively?

A: Using robots could be more effective and safe, because rats may die from explosions.

Q: Are the rats actually better than dogs in detecting landmines?

A: Dogs are still effective because it is easier to train them than rats.

【試訳】

　最近は誰もがロマンスを求めています。しかし，愛とはいったい何でしょうか。私たちは皆，相手を見つけようとする衝動に駆られますが，なぜでしょうか。この謎はニュージャージー州のラトガース大学の人類学者らが理解しようとしているところです。彼らは MRI 装置を使用して，恋に落ちたばかりだと言った18人の大学生の脳をスキャンしました。このような「脳X線」画像は，学生が恋人の写真を見ている間に撮影されました。

　研究者は，好きな相手を見ると，脳から「ドーパミン」と呼ばれる物質が放出されることを発見しました。これは，マラソンランナーに「高揚感」（多幸感という言葉で知られる感情）をもたらす物質と同じです。ドーパミンはエネルギーレベルを引き上げ，集中力を高めます。また，睡眠時間と食事量を減らします。しかし，ドーパミンが私たちの判断力を曇らせる効果もあります。それにより，私たちは「愛の対象」を理想的な光で見るようになります。彼または彼女は，おそらく実際よりも賢く，優しく，見た目がよく見えます。結局のところ，愛の謎はたいしたミステリーではないのです。科学者に言わせれば，それは単なる中毒のようなものにすぎません。

　しかし，そもそも何が私たちをある特定の人に引き付けるでしょうか。実際に自分と正反対の相手に惹かれるものなのでしょうか。いいえ。学術誌の『全米科学アカデミー論文集』（*The Proceedings of the National Academy of Sciences*）に掲載された研究によると，そうではありません。自分をハンサムまたは美しいと思っている人は，ハンサムまたは美しいパートナーを探します。裕福な人々は，自分と同じ社会経済レベルの人を求めます。親切で誠実な人々は，親切で誠実なパートナーを求めます。だから私たちが誰を選ぶかは，自分自身をどうみなしているかに関わってくるようです。言い換えれば，自己イメージによってパートナーを選択するのです。

ツボその1

① X線は，診断のとき「画像」により体内の状態を把握するために使われる。

② ed は動詞の過去形や受動態を作るときに使われるが，ここでは「X線する」という動詞につけられている。

③ 人の感情などを見るために，脳の中を画像化できる（MRI などの）機械を使う。

ツボその2

romance，anthropologists，Rutgers University，MRI machines，"brain x-ray"，photos，dopamine，addiction，study，*The Proceedings of the National Academy of Sciences*，self-image

ラトガース大学の人類学者らは，MRI マシンを使用して「ロマンス」を研究しました。研究に参加した人々は恋人の写真を見ている間に，脳の X 線を撮影されました。恋に落ちた人々の脳内ではドーパミンの活性化が示され，この活性化は依存と同様なものであることが発見されました。研究は，『全米科学アカデミー論文集』で報告されました。愛は自己イメージに関連している可能性があります。

ツボその3

① 皆ロマンスを求めるけれど，「愛」とは何だろうか。これを理解するために，ある研究では，学生が恋人の写真を見ている間に，MRI による脳画像が撮られた。

② 研究者は，人は好きな人を見ると，脳がドーパミンという物質を放出することを発見した。これで，愛というのは，一種の依存と同様であることがわかった。

③ 私たちはパートナーのどのようなところに惹かれるだろうか。研究によると，自己イメージがパートナーとなる人を選ぶ。

④ 皆ロマンスを求めるけれど，「愛」とは何だろうか。これを理解するために，ある研究では，学生が恋人の写真を見ている間に，MRI による脳写真が撮られた。研究者は，人は好きな人を見ると，脳がドーパミンという物質を放出することを発見した。これで，愛というのは，一種の依存と同様であることがわかった。それでは，私たちはパートナーのどのようなところに惹かれるだろうか。研究によると，自己イメージがパートナーとなる人を選ぶ。

ツボその4

いったい「愛」とは何なのか。これを理解するために，研究者は，人が恋人の写真を見ている間に MRI による脳画像を撮った。その結果，好きな人を見るときは，脳がドーパミンという物質を放出することがわかった。このドーパミン放出は，アルコールなどの依存症に似ている。しかし，これ以前の問題として，私たちはパートナーのどのようなところに惹かれるだろうか。研究によると，パートナーとなる人を選ぶときに，自分の自己イメージと同じような人を選ぶことがわかった。

英語はリーディングだ！

ツボその 5

最初の文は People who ... → ... partner の構造で，次の The rich [people] ... → people ... と Kind, loyal people ... → partners も，look for と違う動詞 (go after, want) を使うが，基本的に同じパターンの文。これらを音声化することにより自覚できて文がわかりやすくなる。

ツボその 6

※ この文は比較的短いですが，疑問詞を使う whom ... who の構造と，途中でくる it seems の部分で少しわかりにくくなっています。また，次の文の chooses は，普段人が主語として考えられる動詞ですが，ここでは self-image が主語になっています。しかし，この文の構造を意識しながらじっくり読むことで，まずはコンマの間にある it seems の部分はとりあえず無視したらいい「A は B であることだ」という構造になっていることがわかり，「我々が選ぶ人 (=whom) は，自分がどのような人なのか (=who) ということ (問題) だ」の訳にたどり着きます。また，次の文の self-image chooses ... ですが，人が無意識に選ぶという意味で，「まるで自分らの自己像が選ぶ (自分らを選ばせる)」と解釈できます。

【試訳】

　多くの人々は，会議を楽しんでいないばかりか，有益だとも考えていません。会議の頻度，長さ，効果のなさについて，不満の声がよく聞かれます。専門家が薦める，よりよい会議のためのアドバイスを次に示します。

　(A)最初に，「三悪」，つまり「参加するが議論しない」，「議論するが決定しない」，「決定するが実行しない」を避けることです。会議は非常に明確な目的を持ち，実行に移せるような決定事項を決めることです。会議の時間を最大限に活用するには，次のルールに従うようにしましょう：

1）時間通りに開始する。
2）明確な目標を設定する：全員が議題を把握し，会議の目的を事前に理解しておく必要がある。
3）準備する：議題を事前に確認し，考えを整理しておく。
4）積極的に参加する：会議の内容に集中し，互いに考えを共有する。
5）視覚的に伝える：画像を使用して，すばやくポイントを伝える。
6）問題を解決する：会議では明確な解決策，あるいは解決策を見つけるために必要な手順を見つける。
7）時間通りに終了する。

　(B)キーポイントを決めることで会議を短く，集中的に行うことができるという人もいます。トヨタのマシュー・E・メイは次のようにアドバイスしています：

1）会議は必ずしも定期的に設定する必要はないし，一定の期間を決めて行う必要もない。
2）会議中に議論を行う必要はないと考えることで，必要な決定だけに集中できる。
3）会議は事前に非公式に議論をしておき，そこで決まったことを最終的に確定するための単なる手続きであるべきである。

　結論として，彼は次のことを推奨しています：(1)会議を12分以内に終わらせるようする。(2)一つの目的に絞った会議のみ開く。(3)コンセンサスが事前に得られるように，話し合いの機会をもつ。

ツボその 2

1. can often be heard
2. but don't
3. make the most of
4. try to follow
5. understand beforehand
6. on time
7. the key is to
8. don't necessarily need to
9. for a set amount of time
10. just a formality to
11. prior to
12. In conclusion
13. Try to

ツボその 3

① And of course your name (can often be heard in the meeting with our president).
② I am supposed to act a part in *Hamlet*, (but don't want to, as a matter of fact).
③ Whatever your future plan is, you must (make the most of your money to keep your company).
④ When I was a graduate student, I (tried to follow the advice I received from my supervisor).
⑤ In the next class, you are required to (understand beforehand the contents of Chapter 7 in the textbook).
⑥ She is really punctual; she (came here to meet me on time).
⑦ So far I have discussed many things to keep our good health, but remember (the key is to wake up early in the morning every day).
⑧ It is important to ask a question in a class, but you (don't necessarily need to lose your temper in doing it).
⑨ You'd better study at home (for a set amount of time every night).
⑩ We demanded an explanation from the person in charge, but his answer was (just a formality to waste time).
⑪ Most of the contents of the book were well known to us (prior to our actual reading it).
⑫ This is the end of my lecture today. (In conclusion, we can say that our present understanding of the human brain is just at the beginning).
⑬ I witnessed a car accident in this street yesterday. So I will (try to avoid walking down this street now).

ツボその 4

1. enjoy meetings
2. no discussion, no decisions, and no action
3. being on time, having clear objectives
4. should not be regularly scheduled
5. you do not need to make a
6. discussions completed

ツボその 5

1. an evil
2. there should be no discussion
3. started on time
4. regularly scheduled
5. formalities

ツボその 6

Good morning everyone. My name is Hanako Kimura. I am director of marketing for ABC Company. I am responsible for marketing at the company. In decision making, we often have meetings. But, as you see, we often do not enjoy meetings, because they are so long and often ineffective. In the passage above, there are two contrasting types of advice from experts. And I think we can point out the three major discrepancies:

1) In (A), it is stated that "Meet but don't discuss" is one of the three evils. However, in (B), it is advised that "little discussion needs to occur".

2) Although in (A), meetings are encouraged to be on time, in (B), it is claimed they don't need to be scheduled for a set amount of time.

3) In (A), it is recommended that meetings should have clear purposes. On the other hand, it is suggested in (B) that meetings should be just a formality, and building consensus should be done prior to meetings.

I think there are many social differences between Japan and the other countries like the USA. The decision-making is one typical example. Usually we place the needs of a larger group above our own individual needs, and so in making a decision we tend to be fundamentally group-oriented. Therefore, I would like to conclude that in our Japanese society it is a good idea that meetings should be just a formality leading to a final decision in order to avoid conflicts between people. Thank you very much.

　英語はリーディングだ！

STEP 9　発表（スピーキング）能力アップ のためのリーディング

よい仕事（2）

【試訳】

　驚くことではありませんが，過去数十年にわたって社会が劇的に変化していることと同様に，仕事の世界は昔と異なります。おそらく最も重要な傾向として，正社員の雇用にかかるコストを回避するために，より多くの会社がフリーランス，パートタイム，および「臨時雇用」労働者を利用するという経済の衰退が挙げられます。このため，就職活動者は仕事を探す方法とお金を稼ぐ方法については以前よりも独創的な考え方をするようになっています。つまり，仕事探しの過程で「パーソナルブランディング」の使用が増加し，詳細で魅力的なポートフォリオ（「ME」と呼ばれるブランド）を作成し，Facebook，Twitter，そのほかの SNS に投稿することで自分を売り込む人が増えています。

　　同時に，ますます多くの会社が求職者の Facebook プロフィールを利用して，「仕事にふさわしい」かどうか，また将来の仕事のパフォーマンスがどのようなものかを判断します。そして，ノースイースタンイリノイ大学の調査によると，これには効果があります。研究者は，アルバイトをしている 56 人の学生の Facebook プロファイル（写真やコメントを含む）を調べました。彼らは，個人の仕事のパフォーマンスと，誠実さ，親しみやすさ，知的好奇心などの特定の性格特性との間には強い相関関係があることを発見しました。Facebook の「友だち」が最も多く，旅行をたくさんしていて，幅広い興味を持っている勤労学生は，より高い就業成功率を達成しました。

ツボその 2

1. Not surprisingly
2. just as
3. over the past
4. isn't what it used to be
5. means that
6. associated with
7. Hence, the increased use of
8. with more and more
9. At the same time
10. decide whether
11. it works
12. there is a strong correlation between

ツボその3

① (Not surprisingly,) people started to spend less money when (the new tax was introduced).

② (Just as) last year, our team (finished in second place in the tournament).

③ The cabinet held meetings about the matter six times (over the past month).

④ The singer (isn't what he used to be). It seems that he (is no longer interested in his career as the quality of his performances has declined).

⑤ The coming typhoon (means that we will have to change our plans to go camping this weekend).

⑥ The benefits (associated with) regular exercise include (lower bodyweight, greater energy levels, and better health).

⑦ There is greater awareness today of skin damage, including skin cancer, caused by UV rays. (Hence, the increased use of parasols, UV-blocking clothing and sunscreen products).

⑧ (With more and more businesses accepting cashless payments) these days, fewer people need to visit ATMs in order to withdraw money.

⑨ Computers have made our lives much more convenient. (At the same time, they have made life more complicated).

⑩ They need to (decide whether they will continue with the current business plan) or create a new plan.

⑪ People have long believed that keeping active both physically and mentally helps us live longer. And according to (research, it works). Studies have shown that active people live longer and happier lives.

⑫ (There is a strong correlation between) excessive television viewing (and mental problems).

ツボその4

1. freelance, part-time, and "temp"
2. job-hunters
3. using social-networking sites
4. "personal branding"
5. online portfolios
6. market themselves
7. people's online profiles
8. if they are a good
9. have a good future job performance
10. a strong correlation between a person's job performance and character traits
11. received high job-success ratings at work

英語はリーディングだ!

ツボその 5

1. convenient
2. job hunters
3. reach many employers at once and at any time
4. effective
5. employers
6. use it to find job-worthy employees
7. cheaper
8. both job-hunters and employers
9. save time and money associated with finding employment and hiring.
10. employers
11. have access to job-hunters private information
12. employers
13. discriminate against some job-hunters because of their SNS profiles
14. job-hunters
15. post incorrect information on their profiles.

ツボその 6

The benefits of using SNSs for job-hunting are clear: It is free and convenient, with the potential of reaching many employers quickly and easily in a very attractive way. Using mobile technology, it allows job-hunters to always be connected. Companies can save time and money and have a richer source of information to make interviewing and hiring decisions.

There are some obvious drawbacks, however. The clearest relates to privacy. SNSs originally developed for private activities and having potential employers able to access private information may not be a good thing. This could prevent some people from getting jobs or even to discrimination in hiring. Second, it encourages even more competition in job-hunting and introduces even more stress to everyone in the system. Lastly, with more understanding of what kind of profiles employers like, it may encourage more and more people to lie in order to get a job.

As a social trend, we will see a greater mixing of personal and public that may go too far. Despite these problems, I think the positives outweigh the negatives. However, job-hunters must be very conscious of how they use SNSs and how they present themselves in their job-hunting.

アメリカの大学生はどんな生活をしている？

【試訳】

　最近まで，ほとんどのアメリカの大学生は，フードバンクから食料を受け取ることなんて夢想だにしませんでした。フードバンクは，貧しい人々やホームレス，つまり生活保護の必要な人々のためのものだと信じていました。しかし，現在の経済危機により，多くの学生がこの意識を変えることを余儀なくされています。大学のキャンパスの近くにあるフードバンクとキッチンでは，無料の配給食を求める学生が増えていると報告しています。彼らは両親からの経済的支援をほとんどまたはまったく受けていません。授業料と食品価格は着実に上がっているので，生活費をかなり切り詰めなければなりません。

　ほかの学生はプライドを捨て，農務省が管理するプログラムであるフードスタンプに目を向けています。このスタンプは，スーパーマーケットで必需品の食料を購入するのに利用できます。以前は，大学に入るような人は食べ物で困ることはないと思われていました。しかし，もはやそうではないようです。

　経済の低迷は，別の面でも学生に影響を与えています。つまり，政府機関の奨学金についてです。過去数十年の間は，SAT（Scholastic Assessment Test）スコアが高く，高校の成績平均点が高い生徒は，裕福な家庭の出身であっても，政府の資金援助を得ることができました。大学もこのような措置は，自分たちの学問的評判を高めるので好ましいと考えていました。しかし，このようなシステムを批判する人も出てきました。それは不公平であり，ほかの人の高等教育を受ける機会を制限していると指摘しました。議会で新たに可決された法律は，すべての学生が大学生活を送れるようにすることを目指しています。学問的にレベルに達していなくても，助成金を受け取れるのです。そして，裕福な人々は自分で支払うことが必要になったのです。

ツボその5

b, c, h

a. 本文1〜2行目に Until recently, most American college students wouldn't have dreamed of getting food from a food bank とあるので,不一致。

b. 本文3〜4行目に the current economic crisis is forcing many students to alter this attitude とあるので,一致。

c. 本文4〜6行目に Food banks and kitchens near college campuses report that more and more students are lining up for free handouts とあるので,一致。

d. 本文10〜11行目に The stamps can be used at supermarkets to buy essential grocery items とあるが,農務省が作った食品という記述はないので,不一致。

e. 本文11〜13行目の In the past, it was felt that if a person was in college, he or she could afford to eat. But that no longer seems to be the case とは異なるので,不一致。

f. cheaters という記述は本文にはないので,不一致。

g. 本文15〜18行目 students with high SAT scores and high grade-point averages in high school could receive government money despite coming from well-to-do families という記述と異なるので,不一致。

h. 本文19〜20行目に Some people criticized the system. It is unfair and limits opportunities for others in higher education とあるので,一致。

i. 本文22〜23行目に They will receive grants even though they may not be as academically qualified とあるので,不一致。

ツボその7

1. 食品　　2. 配給・支給　　3. 食品　　4. 奨学金

【試訳】

　私は新しい携帯電話が必要です。今持っているのはほんの数年前のものですが，すでに古くなっています。しかし，どの種類を買えばいいかまったく決められません。私は 6 店舗ほどお店をまわりました。店員は店にあるメーカーとモデルを全部見せてくれ，各モデルのありとあらゆる特徴や機能をじっくり説明してくれました。やがて，片頭痛がしてきました。それでどの店でも諦めて，逃げるように店を出ました。途方に暮れ，携帯電話も買えないままです。

　最近では，スターバックスでコーヒーを買う場合でも，大きな決断が必要です。選択肢が多すぎます。

　このありとあらゆる選択肢と決断のせいで，私たちの頭はおかしくなっているのでしょうか。人気の雑誌『Psychology Today』によると，その答えは「YES」です。そして，心理学者のバリー・シュワルツ博士は彼の新しい本『The Paradox of Choice』の中でそのことに同意しています。彼は，行く先々で直面する膨大な選択によって私たちはとても不幸になっていると言います。これらすべての選択肢は，私たちが小さな買い物に悩み，時間を浪費する原因になっています。それから，決断してすぐに，その選択を後悔し，もっといいものを見つけられたのではないかと不安になります。さらに悪いことに，友人に新しいブランド X のテレビを見せれば必ずこんな答えが返ってきます。「なぜブランド Y を買わなかったの？　そっちのほうが安くていいのに！」

　シュワルツ博士は，あらゆる選択肢を熟考する人は最も不幸だと考えています。私や私の携帯電話と同じことですね。選択肢は「ストレスの多い，満足しない消費者」の社会をもたらしていると博士は述べています。

ツボその5

b，e，g

a. 本文 2 行目 I simply cannot decide what kind [of phone] to get および 5 〜 6 行目 So far, I've given up and run out of each shop—bewildered and still phoneless とあるので，不一致。

b. 本文 3 〜 5 行目に The clerks show me every make and model in the store. They patiently explain all the different features and functions of each model とあるので，一致。

c. 本文 2 行目 I simply cannot decide what kind [of phone] to get および 5 〜 6 行目 So far, I've given up and run out of each shop—bewildered and still phoneless とあるので，不一致。

d. 本文 7 〜 8 行目にある Even buying a cup of coffee at Starbucks these days requires a big decision. The selection is just too much と記述されているが値段については言及されていないので，不一致。

e. 本文 9 〜 11 行目に Are all these choices and all these decisions driving us crazy? Yes, says the popular magazine *Psychology Today*. And, in his new book, *The Paradox of Choice*, psychologist Barry Schwartz agrees とあるので，一致。

f. 本文 11 〜 13 行目にある He [Barry Schwartz] says the huge selection that confronts us everywhere we go is making us deeply unhappy と異なるので，不一致。

g. 本文 13 〜 14 行目に All those alternatives are causing us to waste time fretting over small purchases とあるので，一致。

h. 本文 15 〜 17 行目に To make matters worse, when we show our friends our new Brand X TV, say, they always ask: "Why didn't you get Brand Y? It's cheaper and better!" とあるが，友人が買うものを買うべきとは文中にないので，不一致。

i. 本文 18 〜 20 行目にある Dr. Schwartz believes those who ponder every possibility are the unhappiest of all—like me and my cellphone. Choice is turning us into a society of "stressed-out, dissatisfied consumers," he says と異なるので，不一致。

ツボその7

1. 心理　　2. 選ぶ　　3. 選択肢　　4. 問題　　5. 考え